2021 창업 트렌드

2021 창업 트렌드

언택트 창업: 생존의 법칙이 바뀐다

김형민·임영태·어윤선·김연주·윤성만·천영식·신창엽·최광호

책들의정원

위기의 창업시장, 그래도 돌파구는 있다

최저시급 인상, 생산자 물가 상승, 치솟는 임대료… 어느 하나 예비창업자에겐 만만한 구석이 없는 불리한 상황들이다. 하지만 전 세계를 집어삼킨 코로나19바이러스는 다른 악재는 어린아이의 투정 정도로 느껴지게 할 만큼 시장경제에 충격을 주었다. 세계적인 제약사들이 앞다투어 백신과 치료제를 개발하고 있기에 이제 그 긴 터널의 출구가 가늠되고 있지만, 코로나19 발생 이전으로 온전히 돌아갈 수 있다고 예상하기는 쉽지 않다.

아마도 우리는 꽤 오랫동안 코로나19의 후유증에 사로잡혀 있게 될 것이다. 무엇보다 중요한 것은 작금의 팬데믹 상황으로 인해 '새로운 판'이 짜였고, 이를 뒷받침할 새로운 경제정책의 시대가 열렸다는 것이다. 특히 우리 한국과 같은 나라에서는 경제정책의 변화가 시장에 미칠 영향이 더욱더 직관적이고 극단적으로 표출될 수밖에 없다. 내수 진작 정책들이 쏟아져 나올 것은 불 보듯 뻔하지만, 아이러니하게도 고용시장은 더욱 위축될 것이다. 그야말로 전후 맥락 없이 펼쳐진 난장이다.

자영업자들은 일면 진퇴양난에 빠진 것처럼 보인다. 실패를 확신하고 창업을 하는 사람은 없지만, 매년 80만 명이 넘는 창업자가 폐업 신고를 하고 있다. 앞으로 수년간은 그 수가 더 늘 것이다. 하지만 이렇게 앉아서 이 상황을 관망만 할 수 없는 것이 자영업자와 예비창업자들이다.

대변혁의 시대를 살아가면서도 놓지 말아야 할 것은 '본질'에 대한 상기다. 수십 년을 이어 내려온 전통적인 상권의 가치도 언택트untact의 시류 앞에서는 속절없이 그 빛을 잃었다. 하지만 그 가운데에서도 '의 · 식 · 주'의 본질은 더욱 강화되어, 배달음식으로, 중저가 SPA브랜드의 약진으로, 아울러 (해석의 여지는 분분하지만) 집값의 고공행진으로 표출되고 있다.

이 책에서는 급격하게 변화하는 창업시장에서도 놓치지 말아야 할 '창업의 본질'과, '실행 사례의 학습'에 대한 가이드를 제시하고자 한다. 변화의 폭이 큰 시기일수록 먼 곳에 찍어둔 좌표를 향해 무작정 항해하기보다는, 가까운 곳에 보이는 목표지점을 하나하나 공략해가며 변침을 하는 것이 더 합리적이다. 실패와 성공의 잣대가 이분법적으로 나뉘지 않는 시대다. 아울러 특정한 성공방정식이 모든 케이스에 적용되지 않는 시대다. 하지만 본질은 존재한다. 수면의 위아래를 자유자재로 오가되, 다시 수면 위로 머리를 내밀고 숨 쉬는 방법을 잊지 않는 것. 올바른 방향 설정은 이 고민을 공유하고 있는 당신에게 달려있다.

2020년 12월

대표저자 김형민 · 천영식

차례

1장

2020
창업 트렌드
돌아보기

생계형부터 재테크까지, 3040 세대 창업

누구나 호황일 때 창업을 해서 성공하기를 바라겠지만, 아쉽게도 국내 시장은 매년 불경기다. 창업을 준비하는 이들 중 90% 이상이 지금과 같은 불경기에 창업해도 되는지 질문을 던지곤 한다. 그러나 IMF 이후 경기가 좋았던 적이 있었는지 가물가물할 정도로 우리는 침체된 경제를 살아오고 있다. 하지만 불경기라고 해도 누군가는 성공의 기회를 잡아낸다. 우리는 언제나 그렇듯 그 기회를 거머쥐기 위해 창업을 준비한다. 다만, 올해는 이전보다 더 힘든 상황이다. 코로나19로 인하여 창업 시장은 재앙 수준 이상으로 처참한 상황이 이어지고 있다. 프랜차이즈 가맹본부 또한 심각한 경영위기에 빠져 가맹점 관리가 안 되는 곳이 많아졌다. 이런 상황에도 불구하고 예비창업자들은 여전히 창업 준비에 힘쓴다.

여기서 눈여겨봐야 할 부분은 장기적인 불경기로 인해 직장인들이 재테크나 창업에 높은 관심을 보이고 있다는 것이다. 한때 퇴직자 또는 생

연령별 창업 수 및 증감률 (단위 : 개, %)

구분		청년층(39세 이하)			40 대	50 대	60세 이상
		30세 미만	30대	소계			
전체 창업	19.상	71,254	148.153	219,407	180,565	157,374	84,437
	20.상	81,057 (13.8)	159,232 (7.5)	240,289 (9.5)	212,601 (17.7)	206,307 (31.1)	149,725 (77.3)
부동산업 제외	19.상	66,269	130,660	196,929	144,481	116,851	57,245
	20.상	74,214 (12.0)	130,331 (△ 0.3)	204,545 (3.9)	138,373 (△4.2)	112,680 (△3.6)	60,722 (6.1)
기술 창업	19.상	11,977	31,808	43,785	36,516	23,691	9,332
	20.상	13,807 (15.3)	30,689 (△3.5)	44,496 (1.6)	36,317 (△ 0.5)	24,589 (3.8)	10,775 (15.5)

* ( ) : 전년 동기 대비 증가율(%)

계를 위해 창업하는 것이 대부분이었던 창업시장에 '재테크'를 위한 직장인들의 창업 준비가 늘어나고 있다. 잡코리아가 30~40대 직장인 2,070명을 대상으로 인생 '이모작'에 대해 조사한 결과에 따르면 3명 중 1명은 인생 이모작을 위해 재테크 등 경제력 향상(37.9%)을 위해 준비 중이라고 답했다. 제2의 인생에서 가장 하고 싶은 것으로 여행(39.4%)에 이어 창업(30.6%)을 두 번째로 꼽았다고 한다. 다만 인생 이모작을 위한 재테크와 창업 준비의 문제로 자금과 시간 부족 등을 꼽았다.

최근 직장인들이 창업을 활용해 재테크에 나서려는 이들이 늘어나는만큼 프랜차이즈 업계도 이와 관련해서 젊은 직장인을 위한 소자본 창업 아이템들이 나오고 있다. 내가 볼 때 일부 프랜차이즈 가맹본부에서는 창업을 하기만 하면 조금씩 관리를 해주는 것만으로도 돈을 쉽게 벌 수 있다는 말도 안 되는 상술로 신규 창업자들에게 상위 10%의 매장에나 가능할 만한 사례를 들어 창업을 유도하는 사례가 많다. 특히나 검증되지 않은 신규 프랜차이즈 가맹본사들 중에 이런 황당하기까지 한 말로 창업자들을 끌어들이는 경우가 있다. 물론 창업에도 여러 가지가 있기 때문에 꼭 생계형 창업처럼 온종일 매장을 지켜야 하는 창업만 있는 것은 아니다.

직장을 다니면서도 내 사업을 할 수 있는 창업 아이템이 곳곳에 존재한다. 언택트 트렌드가 확산되는 만큼 직장인들에게도 '투잡'의 기회는 곳곳에 있다. 국내 카페 가맹본부 중 한 곳에서는 인공지능 기능이 탑재된 무인 커피벤딩머신을 소개하며 자투리 공간의 자판기 창업이나 소형 점포의 무인카페에 대한 가능성을 보여주었다.

최근에는 대만 샌드위치 브랜드에서도 샌드위치 자판기 사업을 준비 중이다. 비대면 서비스에 차차 익숙해지는 추세이기 때문에 공간만 마련된다면 무인 자판기 하나로 또 다른 수익을 창출할 수 있다고 보는 것이다. 엄청난 수익을 올릴 수 있다고 보기보다는 투자 대비 효과가 높을 것으로 예상되기 때문에 하나의 재테크로 생각하고 투자하기 좋다. 과거 주식과 부동산의 산유물이었던 제테크가 이젠 창업시장에서도 시작되려는 조짐을 보이고 있다. 다만 성공의 여부는 조금 더 지켜봐야 할 것이다.

이 무인자판기 창업의 특징은 인공지능시스템으로 고객 성향에 따른 레시피 운영도 가능하다는 것이다. 그리고 모니터가 부착되어 있어 기업체의 광고도 가능하므로 광고 수익도 노려볼 수 있다. 외식 분야에서만 무인 시스템을 준비하는 것은 아니다. 세탁전문점 브랜드 중 한 곳은 올해 초부터 매장 운영 시간의 한계를 없애 창업자의 시간 부족을 해결한 새로운 창업 모델 '코인워시 세탁편의점' 확대에 나서고 있다. 특히나 원룸 밀집 지역과 20~30대의 학생 및 직장인의 주거지일수록 선호하는 아이템이다. 세탁편의점은 소비자들이 시간에 구애받지 않고 저렴한 가격에 편하게 이용할 수 있다는 점이 특징이다. 또한 창업자는 원하는 시간에 매장 운영을 할 수 있고, 최소 운영비로 매장 관리가 가능하기에 매우 좋은 창업 아이템이라고 본다.

그리고 외식 업계의 경우는 최근 포장 및 배달 형태의 소형 전문매장 개설을 확대하기 시작했다. 이전에는 창업하는 데 최소한 1억 이상이 필요했지만 최근에는 3,000만 원 이내의 소규모 창업모델이 큰 인기를 끌고 있다. 과거 보증금과 권리금의 합금액이 1억 이상인 입지 선택과 인테리어, 시설투자에도 1억 정도를 투자했지만 현재 배달전문점 창업모델은 이면도로에 보증금 1,000만 원에서 2,000만 원 사이에 임차를 하고, 주방장비와 간판을 투자하면 대략 3,000만 원 정도가 소요된다. 그 외 가맹본부에 납입하는 가맹금과 교육비는 최근 거의 면제로 진행하고 있어 투자 비용에서 제외되는 게 현실이다.

국내 경기가 심각한 침체를 겪고 있다고들 하지만 오히려 지금이야말로 위기 속에 기회가 있다고 봐도 무방하다. 투잡을 꿈꾸는 예비창업자에게 희소식이라고 할 수 있다. 예전에는 투자 비용이 적으면 이익도 적은, 운영자 인건비만 나와도 만족하는 소자본 창업이었다. 하지만 최근에는 배달 매출이 홀 매출을 따라잡는 시대이기 때문에 소자본 창업은 아이템만 잘 잡고 가성비, 상품패키지, 고객과의 소통만 잘 이루어진다면 얼마든지 고수익을 올릴 수 있다는 것이 장점이다. 특히 최근 사회적 거리두기 확산 영향으로 인해 배달이 증가하는 만큼 상권에 구애받지 않고 매장 운영을 할 수 있는 배달형 창업은 매우 좋은 아이템이라고 할 수 있다.

1세대 샤브샤브 프랜차이즈를 운영하는 C업체는 최근 샤브샤브 전문점에서 샤브키친을 소개하며 배달 및 포장 전문 브랜드를 선보였다. 이 키친은 '샤브샤브&월남쌈'에 '안동 두 마리 찜닭', '행복한가득 비빔밥'을 추가하여 주로 혼밥족을 대상으로 배달에 특화된 전략 메뉴를 선보이며 혼밥 명장이라는 콘셉트로 사업 모델의 변화를 주고 있다. 또, 국내 업력 1%로 꼽히며 가맹점 매출이 높은 설렁탕 프랜차이즈로 유명한 H사는 이미 2019년에 배달시스템의 데이터를 구축하여 가맹점 교육을 해왔기 때문에 '코로나19 사태'로 인해 타 업체의 매출이 떨어지는 상황에서도 전년 대비 매출액이 증가하는 기이한 현상까지 생겼다. 업계에 큰 모범이 되는 가맹본부로 각광받고 있다.

그리고 이전까지는 배달과는 접점이 약했던 초밥전문점 프랜차이즈와 라멘 프랜차이즈, 면전문점도 매장형과 배달형 두 가지 모델을 선보이며 매출의 안정화를 꾀하고 있다. 이처럼 규모와 상권 그리고 브랜드 인지도로 매출을 견인했던 창업시장이었지만 코로나19 사태가 벌어지면서 소비형태가 변화하였고, 그로 인해 점점 작고 강한 소형 배달형 프랜차이즈의 강세가 주목되며 또 다른 창업모델 채널로 자립할 것이라고 본다.

필자가 볼 때 최근 배달 및 포장 전문점 등을 활용한 소자본 창업에 관심을 갖는 예비창업자들이 늘고 있는 것은 사실이며, 과거 대형 매장 위주의 창업이 전부였던 것과 달리 최근에는 소규모 매장 창업이 프랜차이즈업계의 트렌드로 자리 잡고 있다. 다만 소규모 창업에도 분명히 단점이 존재한다. 진입장벽이 낮아 창업이 쉬운 만큼 경쟁이 치열하고 그로 인해 이탈하기도 쉽다. 이를 예방하기 위해서는 철저한 시장조사와 본사의 R&D 능력, 오너의 철학을 반드시 확인한 후에 창업해야 한다.

이처럼 현 시장은 코로나19 이후 무인으로 창업하여 '월급 외 수입'을 원하는 이들이 많아지고 있고, 적은 돈으로도 충분히 창업할 수 있는 배달 전문점 시장이 성장함에 따라 30~40대의 창업자가 점점 늘어날 것이라고 본다.

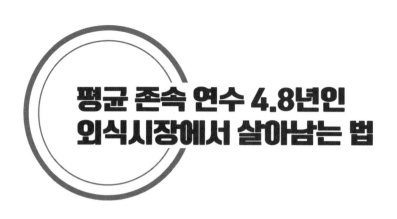

평균 존속 연수 4.8년인
외식시장에서 살아남는 법

경기불황에도 외식 프랜차이즈는 증가하는 추세다. 이처럼 경기가 안 좋을 때 창업자의 수는 늘 반비례 형태를 나타낸다. 퇴직자, 취준생, 맞벌이 그리고 최근 취업보다 창업을 선호하는 젊은 세대와 30대에 퇴직 후 창업을 준비하는 이들이 늘어나고 있어 불경기에도 창업시장이 어둡지만은 않다. 언론이나 미디어에서는 현 자영업자 기준으로 기사를 다루다 보니 늘 창업은 불경기로 인식될 수 있으나, 새로이 창업하는 수요는 계속 발생하는 게 창업시장이다.

지난 공정거래위원회 가맹사업 통계정보에 따르면 매달 100개에 가까운 외식브랜드가 새롭게 등록하고 있다고 한다. 하지만 개업하는 매장은 많더라도 경쟁력을 가지고 살아남는 외식 프랜차이즈 브랜드는 드문 것이 현실이다.

거기서 외국계 브랜드를 제외하고 한국 토종 브랜드는 과연 몇 개나

될까? 손에 꼽을 정도로 적다. 적어도 프랜차이즈 호황기인 1990년 후반 ~2000년대 초반에 시작했던 브랜드들 중 국내브랜드가 몇 개나 살아남았는지 찾아보면 금방 알 수 있다. 프랜차이즈 교육기관인 맥세스컨설팅^{대표:} _{서민교}에서 발간한《2019 프랜차이즈 산업통계 보고서》에 따르면 외식 브랜드의 평균 존속 연수는 4.8년에 불과하다. 내 경험에 따르면 실제 체감은 3년인 것 같다. 3년이 넘으면 이미 하향세에 들어가 소비자들이 등 돌린 상황에서 버티기 중이라고 보기 때문이다.

하지만 이처럼 매장을 오래 지속하기 어려운 상황에서도 20년 가까이

프랜차이즈 브랜드 존속 연수별 비율

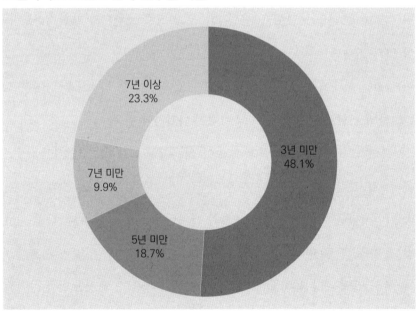

자료: 맥세스컨설팅

혹은 그 이상으로 사업을 지속하는 브랜드가 있다. 이 같은 브랜드를 흔히 '원조'라고 부르며, 이들은 브랜드의 정체성, 수준 높은 제품 퀄리티 및 서비스, 본사의 체계적인 관리 시스템 등을 무기로 고객에게 신뢰감을 주며 아성을 구축해 왔다. 하지만 무엇보다 중요한 것 중 하나는 트렌드를 반영한 혁신이다. 세상이 돌아가는 흐름을 살펴 트렌드의 변화에 따라가는 유연함이야말로 장수 비결이라고 할 수 있다. 그간 브랜드에서 쌓아온 노하우를 바탕으로 외식업계 트렌드와 주요 소비층의 니즈를 파악하며 경쟁력을 확보한 브랜드만이 소비자들에게 외면당하지 않는다.최근에는 장수브랜드들도 2020년 주력 고객층으로 급부상한 '밀레니얼 세대'를 사로잡기 위해 분주하다. 그들의 취향에 맞게 리뉴얼을 하고 젊은 고객층을 유입하며 새로운 20년을 시작했다. 사실 제아무리 장수 브랜드라고 할지라도 음식 맛과 브랜드 인지도로는 수많은 브랜드가 생겨나고 트렌드가 쉴 새 없이 바뀌는 현대에서 영원할 거란 보장은 없다. 브랜드 인지도를 넘어서 소비자들의 취향과 니즈에 한층 더 가깝게 다가가야 한다.

프랜차이즈 브랜드의 사례를 들어 이야기를 해보겠다. 대한민국 서민 음식으로 사랑받는 감자탕은 가족 외식이 가능한 일품요리로 오랫동안 한국인의 사랑을 받아왔다. 또한 E사의 감자탕 브랜드는 등뼈찜, 각종 비빔밥, 돈가스, 면 요리 등의 메뉴를 개발해 다양한 고객의 입맛을 사로잡았다. 특히 전체 매장 30% 규모의 키즈카페를 설치를 통해 부모님과 아이들이 함께 오기 좋은 시설을 갖추었다. 가족석 또는 모니터를 통해 아이들이 노는 모습을 확인할 수 있도록 꾸려 어린 자녀를 둔 젊은 부모들에게 최고의 호평을 받으며 성공브랜드로 견인했다. 소비자의 니즈에 맞춘 철저한 트렌드 반영의 결과물이라고 보겠다.

또한 김밥전문 외식 프랜차이즈 중 하나인 K사는 올해 26주년을 맞이한 원조 분식 프랜차이즈다. 김밥 조리대를 매장 입구에 설치해 제조 과정을 밖에서도 볼 수 있는 오픈 키친 개념을 도입했던 바가 있다. 당시 즉석 김밥을 제공하는 시스템으로 위생 및 청결 부분에서 고객 만족도를 높이며 시장 김밥의 형태에서 위생적인 김밥전문점 프랜차이즈의 역사를 새롭게 썼다. 하지만 이렇게 오래된 브랜드 또한 트렌드에서 뒤처지지 않기 위해 고객 트렌드 분석을 비롯한 신메뉴 개발과 인스타그램 라이브방송 등 젊은 감각으로 고객과 소통하려는 노력을 기울였다.

국내 치킨 프랜차이즈 1세대 대표 기업인 M사는 1989년에 시작해서 현재 900여 개의 매장을 운영하며 국내 대표 치킨 프랜차이즈 기업으로서 굳건한 입지를 다졌다. 하지만 오랜 역사와 전통을 가진 브랜드 이미지에 안주하지 않고, 신선하면서도 기발한 메뉴 개발과 지속적인 빅모델 전략으로 브랜드 인지도를 향상시키고 있다. 또한 치킨의 주 고객층인 10~30대와 지속적인 커뮤니케이션을 한 결과 2019년 10월 치킨 프랜차이즈 브랜드 평판 6위를 기록해 전 연령대 고객들에게 꾸준한 사랑을 받는 브랜드임을 증명시켰다.

평판과 판매, 그리고 가맹점 출점 수는 꼭 비례한다고 볼 수는 없지만 결국 소비자의 평가가 좋아야 가맹점 개설과 매출이 일어나게 되는 것이고, 이는 결국 가맹점을 운영하는 창업자들이 성공하는 길로 이어지게 된다. 마지막으로 '죽'하면 떠오르는 B사는 2000년 초 대학로 본점을 시작으로 죽전문 브랜드와 도시락 전문매장을 운영하고 있다. 업계에서 독보적인 전문점이며, 죽 브랜드로서의 인지도와 선호도 면에서도 성공을 일궈냈다. 그 후로도 현재에 안주하지 않고 수년 동안의 성공 경험을 중심으로 무장하여 죽에 끝나지 않고 도시락 시장도 지난 2010년 론칭해 '프리미엄 도시락'의 이미지와 포지션을 오랫동안 유지하면서 유망 브랜드 중 하나로 자리 잡았다.브랜드의 성장에 따라 본사 구매팀의 역할이 중요해졌고, 지역 농가와 직접 계약을 맺음으로써 식자재를 안정적인 가격으로 다량 확보함으로써 경쟁력을 갖췄다. 이는 결국 도시락 제품의 퀄리티를 끌어올리는 데 중요한 역할을 하고 있다. 지역 농가와의 계약을 통해 신선하고 좋은 식자재를 공급하다는 것 자체가 프랜차이즈 시장의 트렌드를 변화시켜 그 후로 주스전문점, 샤브샤브전문점, 고기 프랜차이즈 등의 다양한 기업들 또한 변화를 주고 있다.

위에 언급한 브랜드와 반대로 오래 되었지만 시대에 맞게 변화를 꾀하지 못해 성장하지 못하고 과거의 영광만 바라보다가 몰락해 간 브랜드들이 훨씬 많다. 외식사업을 하는 이들이 곧잘 착각하는 것들이 있다. 외식사업 또한 소비자에게 제품을 파는 것과 같기 때문에 음식을 만들 때 생산자의 관점이 아닌 물건을 구매하는 소비자 입장에서 봐야 한다. 하지만 소비자가 아닌 자신에게 맛있고, 자신이 만족할 수 있는 음식을 만들어 파는 경우가 적지 않게 있다. 외식사업을 한다면 꼭 기억해야 할 것이 있다. 제아무리 유명 셰프가 운영하는 외식 브랜드라 할지라도 고객 중심으로 생각하며 가격과 제품 퀄리티의 밸런스를 맞추지 못한다면 특정한 상권을 제외하고는 머지않아 폐업하게 될 것이다.

외식사업 중에서도 특히 프랜차이즈는 소수의 마니아층이 아닌 다수의 고객과 소통하고 만들어져야 하는 브랜드임을 명심해야 한다. 트렌드라고 해서 무조건 젊은 세대의 기호에 맞추는 게 아니라 시대에 맞춰 지속적인 성장을 하기 위해 가맹본부가 준비하고 실행해야 한다고 생각한다. 외식은 마치 종합선물세트와도 같다. 맛, 서비스, 청결 외에도 디자인, 소통, 패키지, 가격, 포장, 간판, 메뉴 등에 지속적인 성장과 변화가 있어야 살아남을 것이다. 미래가치를 내다보고 투자하는 가맹본부를 선택해야 오랫동안 안정적인 운영을 할 수 있다.

너도나도 따라 하는
히트 상품에 숨은 함정

우리나라만큼 음식업 유행이 빨리 퍼졌다가 빨리 사라지는 나라도 드물다. 이러한 현상이 왜 일어나는 것인지, 문제는 없는 것인지 고민해보고 답을 찾아봐야 할 필요가 있다. 2019년부터 현재까지 급속도로 퍼진 외식업종이 있다. 이제는 상권이 형성된 곳이라면 흔히 볼 수 있게 된 마라탕, 흑당버블티, 차돌박이 전문점, 생과일 전문점, 레트로 통닭브랜드, 무한리필 돼지갈비 등이다.

'히트'를 친 외식업 브랜드가 생기면 그 인기에 편승하고자 하는 이들로 인해 우후죽순 가맹점이 생기고, 그 여파로 미투브랜드(모방브랜드)가 성황하게 된다. 당연하게도 갑자기 늘어난 유사 브랜드로 인해 경쟁이 치열해지고, 그 가운데서 살아남는 매장은 얼마 없다. 대부분은 사실상 3년 안에 도태되고 만다. 자체적인 시스템 구축과 메뉴 개발의 부재, 마케팅 실패로 인해 짧은 사이에 '잊혀진 브랜드'가 되는 이 현상은 아직도 진행 중이다.

사실 프랜차이즈 브랜드도 잘되는 게 눈에 보이고 지역마다 해당 매장이 있어야 인지도와 선호도가 올라가고 예비창업자들의 선택을 받게 된다. 하지만 앞서 말했듯이 당장 장사가 잘되는 것처럼 보이고 유행으로 인해 매장이 급격하게 늘어난 브랜드가 존재한다는 걸 잊어서는 안 된다. 작년에 히트쳤던 몇 개의 아이템에 중에 '마라탕'이 있다. 마라탕은 원래 한국에서는 별로 인기를 끌지 못하던 메뉴였지만 중국인을 대상으로 한 음식점이 늘어나면서 마라탕을 취급하는 곳도 늘어나게 되었고, 점점 한국인에게도 이름이 알려지면서 유행이 시작되었다. 생소했던 이 메뉴를 먹기 위해 사람들이 길에 줄을 서자, 얼마 지나지 않아 길 건너에도 마라탕전문점이 생겨나기 시작하고 유사 브랜드가 우후죽순으로 늘어나게 되었다. 경쟁 업체가 늘어나자 서로 고객을 잡기 위해 대표메뉴인 마라샹궈를 50% 할인하는 등 고객을 유치하기 위해 치열한 싸움을 벌인다. 해당 점주들은 "사실은 남는 거 없죠. 하지만 경쟁에서 이기려면 우선 손님을 끌어와야 합니다"라면서 유행하는 브랜드도 살아남기 위해서는 결코 녹록지 않다는 것을 말해준다.

가격을 내리면 순간적으로 큰 효과를 볼 수 있다. 하지만 손익을 따지면 남는 게 없고, 할인 이벤트를 종료하면 소비자의 발길이 끊기는 부작용이 생기기도 한다. 오히려 시장을 하향 평준화시키는 꼴이 된다. 한 예로 과거에 커피시장에서 저가 커피가 유행하자 커피 가격이 순간 1,000원대까지 떨어졌고 비싼 임차료를 내는 커피전문점이 경쟁에 밀려 줄줄이 폐업을 하게 되는 일이 벌어지기도 했다. '마라탕'도 한때 유행이 퍼지며 성공한 메뉴가 되었다. 하지만 프랜차이즈 브랜드로서 롱런할 수 있을지에 대해서는 의구심이 든다. 이와 같이 타 브랜드와 치열한 경쟁을 해야 하는 것과 롱런 여부의 불확실함은 가맹점을 통해 창업한 점주의 손해로 이어지게 된다. 아이템 자체의 문제라기보다는 사회적인 이슈로 히트상품이 생기면 너도나도 미투브랜드를 만드는 것과 빠르게 유행이 퍼지는 것만큼이나 빠르게 식는 유행에 민감한 문화 현상의 문제라고 볼 수 있다.

2019년 대히트 상품이었던 흑당버블티도 마라탕과 마찬가지다. 엄청난 유행에 필자의 지인들 또한 너도나도 창업과 투자를 시작했지만 오래가지 못했다. 한 버블티 전문점에서 처음 흑당버블티가 히트하자 대부분의 카페에 흑당버블티 메뉴가 생기기 시작했고, 또한 편의점 등에서도 판매하여 꼭 전문점이 아니더라도 어디서든 먹을 수 있는 메뉴가 되었기 때문이다.

과거 2000년 초반 샌드위치 전문점이 대히트를 쳤을 때를 보면 국내 제일의 제빵 브랜드인 파리바게트에서 품질 좋은 샌드위치를 출시했고 커피전문점에서도 기본아이템으로 샌드위치를 취급하게 되었다. 결과적으로 샌드위치를 먹을 수 있는 곳이 다양해져 소비자들은 자신의 입맛대로 원하는 곳에서 샌드위치를 먹을 수 있게 되었다. 샌드위치 전문점은 사실상 무의미해진 것이다. 그 후 카페에 대한 수요로 변화했고, 샌드위치는 커피와 함께 먹는 메뉴로 전향되었다.

그 외 생과일주스나 벌집 아이스크림, 대만 카스테라, 핫도그 등이 같은 현상을 보였다. 이러한 모습은 굳이 뉴스나 신문 등의 매체를 통하지 않더라도 길거리에 나가서 조금만 관심을 기울이면 쉽게 느낄 수 있는 사회적 현상이었다. 이러한 사회 현상의 문제는 순간적으로 큰 인기를 끄는 히트 상품으로 창업을 할 때는 현재의 수준도 중요하지만 앞으로의 전망도 함께 살펴서 롱런할 수 있다고 판단될 경우에 런칭을 해야 하는데, 당장의 인기만을 보고 창업을 하기 때문에 대부분이 짧게는 1년, 길어도 3년이 채 안되어 폐업을 하게 되는 것이다. 길거리에 나가 조금만 신경을 써서 살펴봐도 알 수 있는 현상이지만, 대부분의 창업자들이 이러한 점을 자세히 보지 못하고 창업을 한다.

물론 대놓고 이런 현상을 이용해 기획 프랜차이즈가 생기는 게 가장 큰 문제다. 일부 프랜차이즈 기업들은 이런 단기 유행성의 상품으로 창업자들을 현혹해 가맹점의 수를 늘려 한철 장사로 가맹점주들의 투자 비용만 빼먹기도 하기 때문이다. 정말 시장에서 암적인 존재라고 할 수 있다. 이러한 기업들은 시스템과 생산 그리고 제품 개발에 대한 투자는 전혀 하지 않는다. 오로지 인기 상품 하나만을 가지고 가맹점을 열고, 유행이 꺼지면 또 다른 아이템으로 같은 일을 반복 이런 기획 프랜차이즈는 필자인 내가 아는 업체만 100개가 넘는다. '히트 아이템'에 눈이 멀어서 섣불리 이런 암적인 기업에 가맹하면 결국 손해 보는 것은 가맹점주뿐이다.

그래도 창업 전에 조금만 관심을 기울여 조사를 해보면 이런 부분은 걸러내기 쉽다. 우선 유행에 민감한 업종을 분리해라. 그 후 미투브랜드가 많은지 조사하라. 마지막으로 가맹본부가 시스템이나 제품 개발에 투자하는 회사인지, 아니면 허울만 좋고 영업만으로 먹고사는 회사인지 꼼꼼히 확인하라. 설령 TV 등에서도 많이 보던 유명 업체라고 해도 자신의 눈으로 직접 확인하지 않은 것을 섣불리 신뢰하면 안 된다.

특히 기획 프랜차이즈의 가장 큰 문제는 히트 아이템이 생기면 그 아이템을 개선하거나 활용할 방법을 생각하기보다는 그냥 그대로 먼저 팔던 곳의 카피를 떠와서 똑같은 방법으로 판매한다는 점이다. 즉, 프랜차이즈 본사도 어떻게 운영할지를 모르기 때문에 가맹점주가 해당 아이템으로 매장을 운영을 하다가 뭔가 문제가 생겨서 도움을 요청하더라도 아무런 대처를 해주지 못하는 것이다.

기획 프랜차이즈 기업들은 대부분 한철 장사로 가맹점주들의 돈만 빼먹고 사라지는 경우가 많으니 가맹본부만 믿고 수억 원을 들여서 창업을 한 점주들은 결국 폐업하거나 다시 돈을 들여 업종을 바꿔서 재창업을 한다. 최근에는 이런 미투브랜드 증가로 인해 상표권을 두고 소송전까지 벌이는 프랜차이즈도 늘어나고 있다. 그리고 어느 차돌박이 전문점 같은 경우는 유사 브랜드 매장이 한 집 건너 한 집 있는 수준으로 다닥다닥 붙어 있고, 이름도 O차돌, X차돌 등으로 비슷하며, 매장의 외관이나 실내 디자인, 메뉴 구성과 가격까지도 유사하게 만들고 있어서 소비자의 입장에서는 도무지 누가 원조인지 모를 정도다.

소비자에게는 원조가 누구인지는 사실 중요하지 않다. 차돌박이를 좀 더 좋은 환경에서 좋은 가격에 제공하는 곳이라면 그곳으로 갈 것이다. 하지만 본사를 믿고 창업한 점주들은 생계가 달린 문제이기에 가맹점 계약

시 유의하고 신중해야 한다. 어떤 이들은 브랜드들이 많이 생기면 그만큼 시장이 커지고 이득도 많아질 것 같다고 말하는 이도 있다. 이는 스타벅스처럼 좋은 서비스와 제품을 제공하는 브랜드라면 이와 같은 말이 통용될지도 모른다. 하지만 일반적으로 유행 아이템을 가지고 생겨나는 대부분의 미투브랜드의 서비스와 제품은 그 질이 낮은 경우가 대부분이다.

그리고 소비자들은 비슷비슷한 미투브랜드에 가서 한번 먹어보고 실망을 하면 다시는 비슷한 매장에 가려 하지 않게 되고, 심한 경우 그 불똥이 원조 브랜드에도 튀어서 유행 자체가 시들어버리는 경우도 있다. 기획 프랜차이즈에서 품질 관리가 안 되니까 시장을 같이 죽여버리게 되는 것이다. 아예 그 메뉴에 대한 시장이 없어져 버리거나 브랜드를 만든 사람의 의욕을 꺾어 버릴 수도 있다. 발전할 수 있는 기회마저 잃어버리게 되는 것이다. 이런 미투브랜드를 제도적 장치로 막기 위해서는 최소한 본사에서 어느 일정 기간 이상 운영한 이력이 있어야만 가맹점을 모집할 수 있게 하면 된다. 현재 이 제도에 대해 논의되고 안건으로 추진되었지만 아직은 지지부진한 상황으로 법제화가 될지는 조금 더 지켜봐야 한다.

창업자들이 미투브랜드로 손해를 보지 않기 위해서는 창업 전에 직접 길거리 나가 시장조사를 해야 한다. 물론 미투브랜드라고 다 나쁜 것은 아니다. 같은 아이템을 가지고 시작하더라도 운영 방법이나 제품 개선에 따라서 얼마든지 성공할 수도 있기 때문이다. 다만, 철저히 기획프랜차이즈로 준비된 미투브랜드를 창업하면 안 된다는 것이다.

프랜차이즈에 블루오션은
남아 있을까?

프랜차이즈산업이야말로 필자가 보는 관점에서 보면 완전 경쟁시장에 가깝다. 경제학적 관점에서도 흔히들 그렇게 바라보고 있다. 우선 프랜차이즈산업 자체는 시장의 진입장벽이 낮아 진입과 탈퇴가 너무 쉽다. 유망 업종이 유행 업종이 되기도 하고 흔치 않지만, 메이저 브랜드로 10년 이상 지속할 수도 있다. 물론 그러기 위해서는 가맹본부의 많은 투자와 노력이 필요하다고 본다.

최근 인터넷과 SNS의 발달로 너무나 쉽게 정보공유가 되는 시대이다 보니 시시각각 실시간으로 가맹본부의 노하우가 쉽게 노출되고 있다. 매년 제품과 서비스 품질, 그리고 트렌드를 반영한 콘셉트로 외식프랜차이즈 시장에서 돌풍을 일으키고, 한동안 업계에 큰 영향력을 행사하기도 한다. 그러나 영원하지 못하다. 어느 산업이야 안 그러겠냐만 프랜차이즈산업은 특히나 다른 산업에 비해 메인 상품이 영향력을 행사할 수 있는 기간이 현저하게 짧은 것이 사실이다.

　이런 시장에 과연 꿈 같은 블루오션이 있을까? 경쟁이 약하고 차별화 된 시장이 있다고 한들 얼마나 오래갈까? 우리는 이 점에 주목해야 한다. 트렌드 변화가 심한 국내 프랜차이즈 시장에서는 보통 3년에서 길게는 5년 이상 시장을 지배하는 브랜드가 거의 없다고 봐도 무관하다. 오히려 5년 동안 시장에서 선점했다면 그게 블루오션에 잘 안착했다는 반증이기도 하다.

　외식 프랜차이즈의 경쟁, 트렌드의 심한 변화, 그리고 경기침체로 인해 창업자들은 외식업 대신 스크린골프, 코인노래방, 스크린야구, 무인독서실 등 다양한 대안 사업이 활성화되었지만, 이러한 것들이 외식시장을 대신할 수 있을 만한 블루오션이라고 보기는 힘들다.

　반대로 레드오션에 대한 이야기를 한다면 바로 1초의 망설임도 없이 치킨 업종을 말할 것이다. 치킨 업종은 레드오션이지만 지금도 계속해서 새로운 브랜드들이 색다른 경쟁력을 내세우며 생겨나고 있다. 기존 기름에 튀기는 방식에서 오븐에 굽는 방식으로 시장에서 포지션을 잡은 K브랜드, 소비자에게 명품브랜드를 묘사해서 최고의 배달패키지를 제공하는 P브랜드, 메뉴의 다양성으로 추구해 치킨과 분식을 조합한 치킨, 건강함을 추구해 쌀로 튀긴 치킨 등 매우 다양하다.

　치킨 업종 같은 레드오션에서는 이처럼 가맹브랜드의 끊임없는 변화와 노력이 없으면 가격 경쟁 외에는 살아남을 수 없다고 본다. 아직도 반반 치킨을 30년 넘게 고수한 프랜차이즈는 당시 메이저 브랜드로서 큰 인기를 얻었지만, 현재는 타 업체와의 경쟁에서 많이 밀려 추억의 브랜드로 남아 있을 뿐이다. 레드오션 중 세탁업은 특히나 주택가에서는 빠지지 않는 업종 중 하나다. 세탁업에서는 가격이 저렴해야 하고 배달은 필수다. 나 홀로 가정과 세탁할 시간도 없이 바쁜 직장인, 그리고 맞벌이 가정의 마음을 얻어내야 고객층을 확장할 수 있다.

창업자 입장에서는 자신이 직접 다림질을 하거나 세탁기술이 없어도 가맹본부에서 운영되는 중앙집중식 세탁공장으로 쉽게 운영되기 때문에 운영이 편리하고 소자본으로도 창업을 할 수가 있어 굉장한 인기를 얻었다. 레드오션에 속하지만 아직도 지속해서 성장하고 있는 사업이다. 2020년 초에 코로나19 사태가 발생함에 따라 무인으로 운영이 가능한 코인세탁이 인기를 끌고 있다. 이 사업은 서비스의 품질에 따라 지속적으로 성장할 수 있을 것으로 보인다.

국내 프랜차이즈의 시장 트렌드 변화가 너무 빠르기에 블루오션 업종도 순식간에 레드오션의 경계선을 넘을 수가 있다. 그러므로 시장의 경계선을 재구축해 해당 시장 안에서도 나만의 차별화된 새로운 시장을 반드시 찾아야 한다는 점을 유념해야 할 것이다. 가맹본부를 설립하는 기업들도 경쟁자를 모방해 유행 업종을 좇거나 외국브랜드를 들여와 쉽게 사업하려 하기보다는 창업에 대한 근본적인 철학을 가지고 시장 내에서 새로운 블루오션을 창출하기 위해 애써야 한다.

또한 블루오션 업종을 찾는 예비창업자들은 블루오션의 영속성과 기업의 지속 성장 가능성을 염두에 둬야 하고, 스스로 서비스와 품질, 그리고 소비자와의 소통에 최선을 다해야만 성공을 거머쥘 수 있을 것이다. 트렌드가 빠르게 변하는 시장에서 영원한 대박이란 절대 없다. 오히려 현재의 아이템이 잘될 때 새로운 아이템을 준비해야 한다. 변화하는 트렌드를 뒤늦게 따라가며 또 다시 처음부터 시작할 것인가, 아니면 미리 경쟁력을 갖춰 견고하게 나아갈 것인가? 부디 후자의 선택을 할 수 있도록 현명하게 준비하기 바란다.

2장
___

2021
창업 트렌드
전망

홈코노미 중심으로 변해가는 라이프스타일

코로나19가 부른 배달 전쟁

창업에도 다양한 채널이 생기고 있다. 앞서 언급했듯이 그중 가장 임팩트 있는 영업방식으로 배달을 빼놓을 수 없다. 과거 배달은 치킨과 피자, 족발의 수요가 많았으나 점차 혼밥족과 온라인마케팅, 그리고 배달의민족과 요기요와 같은 배달플랫폼의 형성에 따라 소비자의 배달 수요가 늘어났고 배달시장이 급격하게 성장하게 되었다. 더군다나 2020년 1월 코로나19 사태가 발생하면서 배달은 이제 선택이 아닌 필수가 되었다. 하지만 수요가 많다고 꼭 좋은 것만은 아니다. 배달 수요가 높은 지역은 그만큼 경쟁업소의 수가 많다는 것이고 이는 경쟁이 치열해진다는 것을 의미한다. 수많은 경쟁자 사이에서 살아남기 위해서는 강한 경쟁력이 필수이기에 배달업종의 선택과 가맹본부 선택 시 경쟁력 체크는 필수라고 볼 수 있다.

배달전문점을 대상으로 솔루션을 만드는 기업인 포디오의 대표 정만

배달 데이터 분석

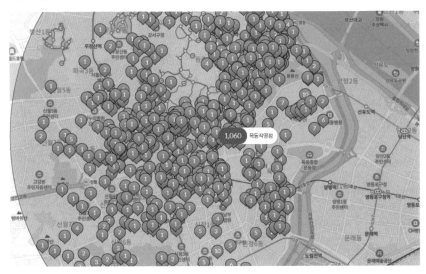

희는 상권 중에서도 강남역과 신림역은 대한민국에서 가장 경쟁이 치열
한 지역이라고 한다. 이 지역의 한식 카테고리 울트라콜(배달의민족에서
운영하는 월정액 앱 노출 광고 서비스) 깃발 수는 1천 개에 육박한다(이
마저도 빠르게 증가하고 있다). 최근에는 지방권 역시 울트라콜 깃발 수가
빠르게 늘어나고 있다고 한다.

일반적으로 깃발 수가 80~150개 사이로 있는 지역이 초보자가 배달
장사하기 가장 좋은 상권이라고 할 수 있다. 배달 상권도 적절하게 형성되
어 있고, 과도한 광고비를 사용하지 않아도 고객들에게 내 매장을 충분히
광고할 수 있기 때문이다.

카테고리별로도 경쟁 강도가 다르다. 배달의민족은 총 13개의 카테고

리를 운영하고 있다. 그중 한식 카테고리가 매장 수가 가장 많고 그만큼 치열하다. 밥, 삼겹살, 국, 반찬 등 하나의 메뉴에 포함된 음식의 가짓수가 가장 많기 때문이다. 그다음으로 치킨, 피자, 분식 등의 카테고리가 매우 경쟁이 치열하고, 패스트푸드, 아시안/양식, 카페/디저트 등이 상대적으로 경쟁이 덜하다. 돈까스, 회, 일식과 중국집도 의외로 경쟁 강도가 낮은 편이다.

경쟁이 낮은 카테고리는 수요가 낮기에 더욱 눈에 띄어야 주문 수가 증가할 것이다. 하지만 배달업이라고 해서 광고에만 의존해서는 안 된다. 재주문은 결국 상품의 퀄리티와 고객 리뷰를 통해 들어오기 때문에 포장과 품질, 그리고 리뷰 관리에 힘써야 한다. 소비자들의 마음이 한 번 돌아서면 다시 돌아오지 않기 때문에 꾸준한 관리가 필요하다.

나 또한 배달을 시킬 때는 브랜드 인지도가 높아 신뢰할 수 있다고 여겨지는 브랜드의 제품을 주문하거나 리뷰와 평점을 보고 평가가 좋은 제품을 주문한다. 얼마 전 유명 프랜차이즈의 간장치킨을 시켜 먹은 적이 있다. 그런데 그동안 경험했던 치킨의 맛이 아닌 누린내가 나고 기름이 안에서 흘러 정말 먹기 힘들 정도로 품질이 낮아 결국 입도 못 대고 버리고 말았다. 분명 가맹점에 문제가 있거나, 가맹본부의 닭 납품 업체가 바뀔 수도 있다는 생각이 들 정도였다. 그 뒤로 단 한 번도 재주문을 하지 않았다.

외식업계에 종사하는 나 또한 이런 선입견에서 벗어나기 어려운데 일반 소비자들은 더할 나위 없이 힘들 것이다. 한 번 잃은 신뢰를 회복하기 위해서는 부단한 노력이 필요할 것이다. 이런 경우 할인행사, 덤 행사, 신제품 출시를 통해 반전을 노려야 하지만 그만큼 돈과 시간 그리고 에너지가 필요하다. 배달업을 하는 창업자들은 특히나 초심을 놓지 말고 전장에 선 느낌으로 항상 품질과 고객 관리에 신경을 써야 한다. 또한 배달브랜드 창업자들이 항상 공부하고 실행해야 할 부분은 구매 전환율과 클릭 수다.

배달업은 데이터 분석이 가능하기에 배달 매출에서 가장 중요한 데이터는 조회 수와 구매 전환율이다. 주문자의 클릭 수는 주로 깃발, 섬네일, 매장명, 입점 업체 수 등으로 진행되고, 구매 전환율의 주요 변수는 리뷰, 가격, 구성, 배달료, 최소 주문단가 등으로 형성된다. 정리하면 배달브랜드는 구매 전환율이 높은 브랜드가 좋은 브랜드이다. 인지도가 높다고 실제 주문이 많은 건 아니다. 다만 조금 더 유리할 뿐이다. 인지도가 적은 브랜드이거나 이제 시작하는 브랜드라면 인지도 높이는 데 마케팅 비용을 투자하는 것도 좋겠지만, 가장 중요한 것은 주문자의 클릭 수와 구매 전환율을 높일 수 있는 마케팅에 투자하는 것이다.

단돈 500만 원으로 시작하는 공유주방

'공유주방'이란 말을 한 번쯤은 다들 들어봤을 것이다. 말 그대로 하나의 주방 공간을 여러 기업^{또는 사람}이 공유하는 시스템이다. 국내에서는 배달을 기반으로 한 공유주방이 현재 소자본 창업 아이템으로 운영되고 있다. 공유주방은 미국에서 1980년대에 처음 나온 사업 모델로, 해외에선 이미 유망사업으로 자리 잡았다. 현재는 미국 내에서만 700개 이상의 업체가 운영되고 있다. 그중 미국의 대표적인 업체인 유니온 키친의 경우 쿠키 전문점의 주방을 공유하는 것으로 사업을 시작해 현재는 유통센터까지 갖춰 300여 개 업체의 창업을 지원해왔다고 한다.

또한 세계에서 2번째로 인구가 많은 인도에서도 배달 주문을 기반으로 한 공유주방 업체가 급증하고 있다. 공유주방은 원래는 전체 테이블을 각각의 매장별로 평등하게 나눠 임대하는 형태인데, 국내에서는 식품위생법상 한 개의 공간에 여러 개의 개별사업자가 등록할 수 없다. 그래서 공유주방 업체가 한꺼번에 공간을 임대해 전체 공간 안팎을 4평의 주방으로 나눠 재임대하는 영업 형태로 이루어지고 있다. 이렇게 하면 일반 음식점에 비해 부동산 임대비용(보증금 + 권리금)을 80%까지 줄일 수 있다.

공유주방의 형태로 창업을 하면 장사가 안되어 폐업을 하더라도 손실이 크게 줄어들기에 비교적 부담이 덜하다. 그래서 많은 창업자가 공유주방으로 창업에 도전하고 있고, 코로나19 사태로 인해 배달이 급증하자 매출이 성장하여 창업자들 중 공유주방을 선호하는 이들이 늘어났다. 공유주방은 한 건물에 여러 주방이 칸칸이 나뉘어 있고 각 주방에는 각기 다른 외식 창업자들이 음식을 만들어 배달을 보낸다.

최근 폐업이 점점 늘어나고 있는 시대에 창업하기가 무섭기도 하고 어렵지만 하지 않을 수도 없는 상황이라 아직도 프랜차이즈 본부와 신도시 상권에 대한 상담과 답사를 반복하고 있는 창업자들이 많다. 불경기이고 코로나 사태로 위축된 시장이라도 A급 상권에는 아직도 권리금이

주요 공유주방 운영 현황과 출점 계획 (단위: 개, 만 원)

업체	지점수	보증금	월임대료	향후 확장 계획
위쿡	8	1,000	매출 연동형	내년 해외 진출. 3년 내 180개 출점 목표
배민키친	7	비공개	비공개	내년 6곳 출점 목표
개러지키친	3	1,000	140~160	내년 상반기까지 10개 출점 목표
공유주방 1번가	2	900	70~100	내년 60호점. 2024년 400호점 달성해 총 8,000개 주방 입점 목표
고스트키친	2	1,000~1,200	170~190	내년 100개 이상 출점 목표
먼슬리키친	2	800	200	내년 10개, 3년 내 50개 출점 목표
영영키친	1	1,000	평균 180	내년 10개 출점 목표
식객촌	2	직영	직영	내년 1분기 테스트 후 20개 출점 목표

* 월 임대료는 관리비 포함

억대 이상으로 형성되어 있기 때문에 창업을 마음먹는 것이 쉽지 않다. 그래서 최근 황금상권에 무無권리금으로 공유주방 창업이 늘고 있으며, 공유주방 업체가 주문 접수·광고 대행을 하여 초보 창업자들에게 환영받고 있다. 하지만 사업 구조상 배달에 집중되어 있다 보니 검증된 맛이 중요하고 수익률이 낮아서 사실상 운영자의 인건비 이상을 기대하기는 어렵다고 본다.

최근에는 취업준비생들이 공유주방으로 창업하는 사례도 늘고 있다. 소자본 창업이다 보니 20대 젊은 청년들이 취업을 포기하고 개인당 500만 원씩 4명이 투자해 각기 시간을 나눠 공간을 사용하는 것으로 협의하여 창업하는 사례도 있다. 노하우나 기술이 부족한 청년들은 대부분 소스를 쉽게 공급받아 할 수 있는 덮밥 전문점과 떡볶이 전문점 창업을 선호하고 있다.

한 예로 창업비 1억을 준비한 A씨는 여러 상권을 돌며 창업을 준비했지만 원하는 규모나 상권에 들어가기 위해서는 1억은 턱없이 부족하다는 것을 알고 좌절하게 되었다. 소비자의 입장일 때는 몰랐는데 최근 창업을 준비하다 보니 아직 상권이 형성되지 않은 신도시 외에는 권리금 없이 들어갈 수 있는 점포가 드물었기 때문이다.

창업에 들어가는 인테리어비, 주방장 급여, 가맹본부의 가맹비와 교육비만 해도 적게 잡아 5,000만~1억 원브랜드 인지도, 매장 규모에 따라 다르다의 투자비가 필요하다 보니 점포를 임대할 자금이 없다는 것이다. 결국 이면 상권에 입점하는 것 외에는 답이 없어 A씨는 공유주방으로 창업하는 것을 결심하였다. 1억의 자금 중 2천만 원만 창업비에 투자하고 7천만 원은 후에 또 다른 투자를 위해 사용하지 않았다. 공유주방에 냉장고, 개수대 등 기본적인 조리 집기가 비치돼 있어 창업 비용을 줄일 수 있고, 배달 중심이기에 별도의 인테리어 비용을 들일 필요도 없다. 1,500~2000만 원만 들여도 창업이 가능한 이유다.

공유주방의 매출 대부분은 '배달의민족'과 같은 스마트폰 앱과 온라인 주문에서 나오기에 매출을 올릴 수 있는 채널이 한정적이다. 배달의 경쟁력이 떨어지거나 신생 업체의 진입으로 경쟁이 악화될 경우 매출을 올릴 수 있는 방법이 적어 쉽게 무너질 수 있는 단점도 될 수 있는게 전문가의 시선이다.

한국외식산업경영연구원에 따르면 국내에선 2015년 '위쿡'이 공유주방 사업에 처음으로 뛰어들었고, 현재는 20여 개 업체가 경쟁하고 있다고 한다. 최근엔 수도권 신도시 등 인구 밀집 지역에 상가가 조성될 때 위쿡 외에 신생 공유주방업체가 속속 들어서는 등 시장 규모도 빠르게 확대되고 있다. 그렇다면 공유주방은 어떤 상권에 위치해야 좋을까? 필자의 의견은 사무실과 오피스텔이 많아 배달 수요가 높은 서울 강남 지역에서 창업할 것을 추천한다. 또한 야식배달이 인기가 높은 지역이 좋다고 판단된다.

공유주방의 단점은 일반 점포와 달리 손님과 접촉할 기회가 거의 없는 데다가 작은 공간의 주방에서 온종일 시간을 보내기 때문에 장사가 잘되지 않을 경우 일반 점포에 비해 스트레스가 훨씬 클 수 있다. 또한 입점 업체들은 투자 비용이 적은 것에는 만족했지만, 배달 앱의 의존도가 높고 공유주방 업체에 종속돼 있는 사업 구조는 단점으로 꼽았다. 배달 앱 업체가 갑자기 수수료를 올리면 손해를 감수해야 하고, 일부 공유주방은 입점 업체의 매출이 늘어나면 이용료를 올리기도 한다. 공유주방의 입점 업체들이 수익성에 대한 만족도가 높지 않다고 자주 언급하는 이유도 이런 구조적 측면에 기인한다. 실제로 공유주방 입점 업체 운영자 B씨는 한 달에 1,200만 원 정도의 매출을 올리고 있지만 이것저것 제하면 남는 게 별로 없다고 한다.

B씨는 "공유주방 업체에 내는 서비스 대행 비용 200만 원, 재료비 250

만 원, 기타 비용을 빼고 나면, 아르바이트를 쓰지 않고 일해도 매달 동업자와 각각 가져가는 돈이 300만 원 안팎에 불과하다"고 말했다. 또 다른 공유주방 입주 업체 대표 C씨도 한 달 매출이 2,400만 원으로 적지 않지만, 순이익은 500만 원 정도라고 밝혔다. C씨는 "직원을 쓰지 않지만 동업자들과 이익을 나누기 때문에 매달 100여만 원 정도만 수중에 들어온다"고 전했다. 낮은 수익성 때문인지 또 다른 공유주방에 점포를 내서 돈을 더 벌겠다고 계획하는 이들이 많았다.

다른 관점에서 보면 공유주방에서 사업 아이템의 성공 가능성을 테스트한 뒤 정식으로 매장을 내는 것도 좋은 방법일 수 있다고 본다. 하지만 창업비 절감과 인건비 절감 외에 공유주방의 또 다른 장점은 상권 분석에 따른 입점 업체의 공동 마케팅, 세무·노무·법무 지원 등이다. 게다가 창업 초보자로서 먼저 입점한 자영업 선배들로부터 조언을 듣고 자문을 받는 것도 있을 것이고 동일 업종은 입점하지 못하게 돼 있기 때문에 업주끼리 서로 도움을 주며 상생의 길을 모색할 수도 있다고 본다.

공유주방 매출의 대부분을 차지하는 온라인 배달은 일반 점포보다 2배 이상 맛에 대한 평가가 냉정하다. 한번 나쁜 평가가 내려지면 온라인상에 금세 소문이 나서 사업에 치명적이고 다시는 주문하지 않을 것이기에 항상 창업주는 리뷰 관리와 서비스에 최선을 다해야 한다. 이 때문에 음식 맛에 자신이 없는 상태에서 섣불리 뛰어들었다가는 큰코다치기 십상이다. 업비가 싸다고 사업이 쉬운 게 아니라는 것이다.

일반 식당에선 음식 맛이 좋지 않아도 새로 오는 손님들은 그것을 쉽게 알 수가 없다. 하지만 온라인 배달 앱을 통한 판매가 대부분인 공유주방에선 리뷰 기록이 남아 있고 주문하는 손님 모두에게 노출되기 때문에, 맛의 완성도를 높여 시행착오를 반드시 최대한 줄여야 한다. 공유주방 업체가 제공하는 배송 · 결제 · 고객만족 시스템이 있다. 입점 업체는 계속 이용할 수밖에 없다. 입점 업체에는 장점인 동시에 위험요소도 될 수 있다. 예를 들어 공유주방 업체에서 배달이 늦어서 음식 평가에 나쁜 영향을 줘도 다른 라이더를 활용할 수 없도록 계약이 돼 있다. 또한 매출액이 고객 결제와 동시에 점주에게 입금되는 게 아니라 공유주방 업체가 설치한 결제 시스템을 통해 이용료를 먼저 제하고 점주에게 들어가기 때문에 자금 순환이 느리다는 단점도 있다.

정리하면 공유주방을 통한 창업은 진입장벽이 낮고 폐업 비용도 줄여주지만, 맛에 대한 평가가 더 엄격하고 수익률이 낮은 사업 구조를 지니고 있기 때문에 성급하게 시작하면 실패 위험성이 일반 점포보다 더 크다.

O2O점포의 확산

'창업에 있어서 가장 중요한 건 무엇일까?' 질문을 던져본다. 자금, 아이템, 운영자, 점포, 기술, 노하우 등 여러 가지가 떠오를 것이다. 그중에 흔히 운영과 점포는 불가분의 관계로 맺어져 있다. 운영은 소비 트렌드를 즉각 반영하고, 점포는 그러한 운영의 최전선에서 시작하게 된다. 다만, 최근에는 점포를 거치지 않고 제품을 바로 소비자에게 전달하는 채널이 대세를 이루고 있다.

아직도 점포는 여전히 운영/영업의 최종 단계 역할을 한다. 점포는 지역을 단위로 그 지역 주민들과 연결돼 있다는 점이 특징이기 때문이다. 지역에 있는 맛집을 다니다 보면 과거에는 정말 대단한 대박집이었는데, 현재는 그저 과거의 향수를 자극하는 음식점으로 변해버린 곳들이 종종 보인다. 시대의 흐름에 맞춰 변화하지 못하고 전과 동일한 메뉴와 서비스만 유지하고 있다. 그로 인해 점포의 지역적 한계를 넘어서지 못하고 새로운 주요 고객으로 떠오르는 2030 소비자에게 외면을 당해 낭패를 겪게 된다.

반대로 한 상권 내에 소비 트렌드가 충분히 자리 잡으면 점포 매출에 유의미한 긍정적 영향을 미칠 수 있다. 이제는 점포들도 앉아서 기다리면 고객이 찾아오던 전통적인 오프라인 점포의 역할을 넘어서야 한다. 지금은 빠르게 진행된 IT화, 배달, 초개인화 및 시시각각 변하는 트렌드에 대응해 일대일 마케팅 전략을 짤 수 있는 멀티플레이어가 돼야 한다. 누군가는 아직도 '음식점은 맛있기만 하면 된다'고 한다. 물론 음식의 맛이 가장 중요한 부분이지만 그것만으로는 결코 오래가지 못할 것이다. 이는 대박집을 카피한 프랜차이즈 브랜드만 봐도 알 수 있다. 그저 음식만 조금 맛있게 해서는 오래가야 3년이고, 점점 쇠퇴하게 되는 것이 현실이다.

뛰어난 품질과 좋은 서비스, 적절한 위치를 갖춘 점포라고 해도 급변하는 소비자 트렌드를 외면한다면 언젠가 인근 부동산에 점포를 내놔야 할 것이다. 최근 점점 늘어나는 귀차니스트들의 니즈를 충족시킬 수 있는 편의성 강화는 점포의 한계를 넘어서게 만들고 있기에 O2O$^{Online\ to\ Offline}$ 점포가 확산될 것으로 예상된다. 인터넷과 스마트 모바일은 인간에게 개성과 자유를 주었지만, 대신 인간의 참을성도 빼앗아갔다. 타인과 나를 공유하는 SNS는 인간 정체성의 복합성을 더욱 확장시키고 있다. 과거의 소비자가 1년 또는 반년 주기로 니즈가 변했다면 이제는 분기마다 혹은 매달 변하며 변덕스러움을 표출하고 있다. 소비자의 급격한 기호 변화에 대응하는 점포만이 생존할 수 있을 것이다.

빠르게 변하는 소비자의 니즈를 충족시키기 위해서는 우선 신메뉴를 수시로 출시해야 한다. 또한 키오스크 및 스마트오더 앱을 통한 언택트 주문 시스템을 고민할 타이밍도 눈여겨봐야 하고, 테이크아웃과 배달의 융합 등으로 온라인과 오프라인의 장점이 적절하게 융합된 점포로 바뀌어 가야 한다. 앱을 통한 사전 주문으로 단체 고객을 확보하는 것도 좋은 방법이고, 한정판 메뉴를 선보임으로써 시시각각 변하는 소비자의 마음을 따라잡는 마케팅도 필요하다.

국내 최대 도시락전문점 H사는 전국에 740여 개의 점포를 보유하고 있으며 그동안 포장 판매 위주로 영업해 왔다. 하지만 최근 몇 년 동안 홀이 가미된 카페형 매장을 확산해왔고, 올해는 증가하는 배달 주문 수요를 충족하기 위해서 자체 배달 앱의 출시를 준비하고 있기도 하다. 자체 배달 앱을 출시하면 기존의 배달 앱에서 주문할 때보다 수수료를 낮출 수 있기 때문에 가맹점과 고객의 부담을 동시에 줄여주는 효과가 있을 것으로 기대된다. 물론 자체 앱을 사용하는 것은 H사처럼 가맹점 수가 뒷받침되어야 효과가 있을 것이다. H사는 점포에서 도시락 메뉴를 빠르게 먹고자 하는 고객 집단의 니즈와 테이크아웃 및 배달 수요자 집단의 요구를 잘 간파해 두 집단의 니즈를 모두 충족함으로써 고객 가치를 더욱 높이는 데 성공했다. 이런 변화가 전국적으로 분포한 가맹점에 온라인 기술을 접목하려는 시도를 통해 새로운 비즈니스 모델을 선보이고 있는 것이다.

최근 과학적인 시스템 구축을 통해서 점포의 매출 증가를 추진해나간다는 계획을 가지고 있는 가맹본부가 증가하고 있다. 이처럼 온·오프라인의 편의성, 가격 만족도, 메뉴의 품질과 다양성을 모두 만족시키는 업종이 증가할 것이다. 또 한 번 창업시장의 블루오션 업종이 될 것이라고 확신한다. 가맹본부와 가맹점은 끊임없이 혁신해야 생존할 수 있다. 경쟁이 점점 심해지고, 인건비 등의 고정 비용은 더 오르는 외식업 환경에서는 혁신적인 메뉴를 선보이는 길이 가장 좋은 생존전략이 된다.

특히 한식의 경우 증가하는 외래음식과 HMR, 밀키트 식품 등 쏟아지는 음식 공산품, 그리고 점점 입맛이 까다로워지는 소비자들의 니즈에 대응하는 길은 메뉴 개발뿐이라는 것이 외식 전문가들의 한결같은 견해다. 이러한 메뉴 개발로 고객 만족도를 높인 업종이 선전할 가능성이 높다.

코로나19로 급격하게 변화해 가는 시장

최근 국내 프랜차이즈 산업은 장기적인 경기불황과 코로나19는 물론이고, 인건비 및 임대료의 지속적인 상승과 배달 수수료 및 1회 용품과 같은 신규 영업 비용의 증가, 프랜차이즈 본부의 규제 강화, 가맹점 사업자 단체와의 교섭 등으로 인해 지속적으로 성장이 둔화되고 있는 상황이다. 이로 인해 가맹점은 매출의 75% 이상이 하락하고 있는 실정이며, 업종 전환이나 사업을 포기하는 경우가 급증하고 있다.

외식업이 70%를 차지하고 있는 국내 프랜차이즈 산업은 현재 소비자들이 민감하게 반응하는 대면 위주의 서비스로 2015년 메르스 발생, 조류독감, 구제역, 아프리카 돼지열병, 최근의 코로나19까지 늘 시장의 변화를 미리 감지하여 대응하기보다는 문제가 발생했을 때 급급하게 해결하려는 방식을 보여 왔다.

이러한 상황에서 2021년도 프랜차이즈 시장을 전망하면, 첫째, 스마트스토어의 확산이다. AI^{인공지능}와 IOT^{사물인터넷}, 로봇기술 등 각종 첨단 기술이 이미 프랜차이즈 업계에 도입되어 스마트스토어의 성공 사례를 보여주고 있다. 스마트스토어는 무인 결제, 키오스크주문, 로봇 활용 등으로 인건비와 대면 서비스에 대한 부담을 완화시켜준다. 또한 고객에게는 새로운 서비스와 볼거리를 제공하고, 대면으로 발생할 수 있는 커뮤니케이션 오류를 최대한 줄여준다.

스마트스토어는 프랜차이즈 가맹점에게는 유무인 통합운영으로 가맹점의 운영 효율을 개선할 수 있고, AI로봇의 기능을 통해 기존 인력의 단순한 오퍼레이션에서 벗어나 핵심적인 경영업무에 집중할 수 있도록 돕는다. 또한 무인판매대 확대와 공간의 효율적인 운영으로 추가 이익을 확보할 수 있으며, 인건비 절감을 통해 점포 운영을 효율적으로 할 수 있게 해준다. 스마트스토어는 가맹본부에게는 서비스 경쟁력을 확보할 수 있게 해주어 가맹점 출점과 브랜드 이미지 개선에 긍정적인 영향을 줄 수 있다.

둘째, 저가전략 및 소규모 창업의 확산이다. 창업시장이 위축되면서 대규모보다는 소규모 창업, 오프라인 가맹점 영업보다는 배달플랫폼 위주의 영업 전략, 테이크아웃 및 구독 서비스, 스마트 오더, 무인 점포, 홈코노미의 트렌드로 인해 소규모 창업이 가속화될 전망이다. 소규모라고 하지만 기본적인 스마트스토어를 기반으로 창업하므로 인건비 및 임대료 개선, 취급 상품과 서비스의 단순화 및 전문화 등 효율적인 점포 운영으로 가성비 있는 저가의 상품을 제공할 수 있다.

셋째, 빅데이터를 통해 맞춤형 고객관리가 경쟁 우위의 원천이 될 것이다. 최근까지 프랜차이즈 산업에서 빅데이터 활용이라고 하면 상권 분석과 일부 가맹본부에서 활용하고 있는 ERP시스템 정도였다. 하지만 이제는 가맹본부를 넘어 가맹점에서도 빅데이터 활용이 일반화될 것으로 보인다. 스마트스토어로 첨단 기술이 가맹점에 적용되기 때문에 빅데이터를 수집·분석하고 이를 가맹점에서 활용할 수 있도록 데이터 시각화가 진행되는 시점이 될 것이다.

빅데이터를 활용하여 고객의 연령, 성별, 방문 시간, 선호 상품 등을 고객 맞춤형으로 제공하면 구독 서비스가 증가될 것이다. 또한 고객 데이터와 같은 빅데이터 확보가 가맹점과 가맹본부의 경쟁력으로 좌우되기 때문에, 기존 배달 앱 시장에 빼앗겼던 고객 데이터를 자체 앱 개발을 통해 브랜드력을 강화하는 것은 물론이고 비용을 합리적으로 절감할 수 있는 경영 환경으로 변화될 것이다.

이와 같은 2021년 프랜차이즈 전망을 통해 변화하지 않거나 일시적인 현상으로 여기는 프랜차이즈 사업자들은 새로운 환경에서 오래 버티지 못할 것이다. 반면 변화를 주도하거나, 변화하는 환경을 따라가려고 하는 사업자들의 경쟁력은 더욱 높아질 것이다. 예전과는 다르게, 변화에 대응하는 수준에서 사업의 경쟁력은 확연하게 차이가 나게 될 것이다.

포스트 코로나 시대를 준비하는 외식업계

코로나19의 유행 초기이던 2020년 상반기만 하더라도 '이 시기만 잘 넘기면 되겠지'하고, 코로나19를 사업의 변수정도로 생각했던 기업들이 본격적인 포스트 코로나 시대를 마주하게 되었다. 이제 모든 예비창업자가 코로나19를 창업의 변수가 아닌, 상수로 받아들이기 시작했다. 매출의 가장 큰 창구는 매장 내점이 아닌 배달과 포장으로 넘어가고 있고, 자연스럽게 비대면 서비스의 고도화가 함께 진행되고 있다. 배달시장이 폭발적으로 성장하는 와중에도 상대적으로 그 호황을 적게 누렸던 카페도 배달 매출이 크게 올라, 카페 드롭탑은 19년 12월부터 매월 50%씩 배달 서비스 매출액이 증가하고 있다.

사업 구조를 본격적인 비대면 구조로 전환하는 브랜드도 있다. 대만식 샌드위치 전문점인 홍루이젠은 2020년 7월부터 무인 매장 모델을 출점하기 시작해, 9월까지 약 50여 개의 매장을 시중에 선보였다. 국내 대형 치킨 프랜차이즈 브랜드인 BBQ도 내점 고객용 홀과 테이블을 아예 없애고 배달과 테이크아웃만 전문으로 하는, 'BSK^{BBQ Smart Kitchen}' 가맹점 모델을 출시했다. 줄어든 매장의 크기는 그대로 창업 비용 인하로 이어져, 해당 모델의 평균 창업 비용은 5,000만 원 수준이다. 이로 인해 청년 예비창업자들의 출점 비율이 70% 이상인 것으로 조사되고 있다.

외식업계가 배달시장으로 눈을 돌리는 이유는 코로나19 확산 이후 배달 없이 매장을 운영하는 것만으론 수익을 내기 어려워졌기 때문이다. 통계청에 따르면 올 6월 기준 온라인 식품 거래액은 전년 동원 대비 음식서비스 61.5%(4,770억 원), 음·식료품 39.4%(4,104억 원)가 증가했다. 이에 프랜차이즈도 오프라인 매장 운영이 주를 이뤘던 방식에서 배달 부가수익으로 돌파구를 마련해 불황에서 벗어나겠다는 전략이다.

하지만 이런 변화의 움직임에 긍정적인 전망만 있는 것은 아니다. 한국 배달시장에서 독과점의 지위를 행사하는 배달주문 서비스의 높은 광고료와 수수료는 창업자들로 하여금 '재주는 곰이 넘고, 돈은 엉뚱한 데서 다 벌어간다'는 볼 맨 목소리를 내게 하고 있다. 또 소비자가 들여다볼 수 있는 홀과 주방이 없이 운영되는 '배달전문점'들이 증가하면서, 최소한의 음식 퀄리티와 위생 상태를 갖추지 못한 영세한 사업자들이 우후죽순 생겨나고 있는 것 역시 우려할 만한 지점이다.

반대로 외식업계의 배달전문 모델 개발과 배달업 진출이 2021년 외식시장 전망에 긍정적인 영향을 줄 것이라는 시각도 있다. 2020년 코로나19로 인해 미뤄진 창업이 오히려 포스트 코로나에 맞춤형 매장으로 탈바꿈해 창업 수요로 쏟아져 나올 수 있다는 전망이다. 또한 매장 인력이 감소해 인건비는 감소하고, 배달 위주로 운영되는 매장 형태로 창업 비용은 크게 감소할 것이라고 진단할 수도 있다.

이렇게 비대면 소비시장이 커지고, 관련 업계의 재편이 가속화되면서 새로운 경쟁 구도가 만들어지고 있다. 특히 '새벽배송', '당일배송' 서비스가 발전하면서, 외식업계 내부의 경쟁이 HMR과 밀키트 생산에 최적화된 대기업과의 경쟁으로 번지는 과도기에 접어들었다는 분석도 고려해볼 이슈다.

필환경시대의 도래와
로코노미의 도약

2020년의 가장 큰 이슈는 코로나19바이러스일 것이다. 코로나 팬데믹으로 인해 수많은 자영업자의 폐업이 이어지고 있지만 그중에서도 요식업계는 가히 절망적이라 볼 수 있는 수준이다. 전염성이 강한 코로나바이러스의 특성상 많은 사람이 모이는 곳을 피하게 되고, 그중에서도 마스크를 벗고 식사나 음료를 마시는 식당이나 카페를 향한 소비자들의 발길이 뚝 끊겼다. 그로 인해 외식을 하지 않고 집에서 배달을 시켜 먹거나 집에서 만들어 먹는 밀키트의 수요가 급증하였다. 많은 식당이 배달 위주로 전향하여 그나마 손실을 줄여나가고 있는 실정이다. 전문가들은 코로나19로 인한 경기침체가 2021년 말까지 이어질 것으로 전망하고 있고, 이것은 우리가 포스트 코로나 시대를 더욱 철저하게 준비해야 한다는 방증이기도 하다.

2021년에는 코로나로 인한 배달음식 위주의 트렌드가 지속될 전망이다. 배달음식의 수요가 더 늘어나고 이에 맞춰 배달형 매장의 창업이 늘어날 것으로 보이지만, 이미 대한민국에서는 배달시켜 먹을 수 없는 종류의 음식들은 찾아볼 수 없을 정도로 다양한 배달음식점들이 있다. 이러한 경쟁 상황에서 배달음식을 창업해서 성공하려면 배달에 특화된 메뉴를 개발할 필요가 있다. 밖에서 외식할 때와 배달을 받아서 먹을 때의 가장 큰 차이점은 음식의 온도다. 외식을 할 때는 방금 만든 따끈하거나(또는 시원한) 음식을 먹을 수 있지만 배달음식의 경우 배달하는 동안 음식의 맛과 온도, 질감 등이 변하게 되는데 이것을 최소화할 수 있는 레시피와 포장재를 개발하고 사용하는 것이 이미 영업을 하고 있는 수많은 배달음식점과 경쟁할 수 있는 부분이 될 것이다.

코로나로 인한 외식이 줄고 배달음식과 HMR제품의 수요가 늘면서 일회용품 사용량이 급증함에 따라 환경문제 역시 큰 이슈가 되고 있다. 친환경을 넘어 필必환경시대가 도래하면서 MZ세대들의 환경에 대한 관심이 지속적으로 커지고 있는 상황이다. 환경문제에 대처하는 방법 중 단순하게는 재활용하기 어려운 일회용품의 사용을 줄이고 음식쓰레기를 줄이면서 지구에 축적되지 않게 하는 방법이 있지만, 요식업계에서는 더 나아가 자연에 해를 끼치지 않는 지속 가능한 재료에 주목할 필요성이 있다.

대한민국은 1인당 연간 수산물 소비량이 약 58kg으로 전 세계에서 가장 높은 나라이며, 2025년에는 64kg의 소비량을 기록할 것으로 예상된다. 이렇게 과도한 수산물 소비를 감당하기에는 이미 육지에서 흘러오는 오염물질로 인한 해양 오염과 기후 변화로 인한 수온 상승, 바닷물의 산성화 등이 수산물의 개체 수를 현저하게 감소시키고 있다. 비단 수산물뿐만 아니라 축산업 또한 지속적인 탄소배출로 지구온난화에 한몫하고 있다. 이러한 환경 변화를 인지한 정부에서도 그린뉴딜정책을 발표하면서 환경보전에 더욱 관심이 쏠리고 있는 상황이다.

지속 가능하고 책임감 있는 재료의 필요성에 대해서는 소비자들과 글로벌 유통기업들 사이에서 확산되고 있는데, 최근 여론조사에 따르면 55%의 온라인 소비자들은 윤리적 소비를 위해서라면 현재보다 조금 더 비용을 지불할 의사가 있음을 밝혔다. 이처럼 지속 가능한 재료들에 대한 소비자들의 인식 변화는 고스란히 외식업에도 반영될 것으로 보인다. 실제로 파크 하야트 서울은 ASC^{Aquaculture Stewardship Council, 세계양식책임관리회; 세계자연기금(WWF)}과 네덜란드 지속 가능한 무역(IDH)이 해양자원의 남획과 양식의 과밀화로 인한 해양오염을 막기위해 마련한 인증 인증을 받은 수산물을 사용하는 등 지속 가능 경영에 나섰다. 외식업계에서는 이러한 변화에 맞춰 가심비를 넘어 지속 가능한 재료를 활용한 필환경적인 메뉴로 소비자들의 만족을 찾는 방법을 강구해야 할 것이다.

코로나 팬데믹은 언택트^{Untact}, 온택트^{Ontact}, 뉴노멀^{New Normal} 등의 신조어를 만들며 소비시장의 변화를 가져왔다. 식자재는 마트에 가서 직접 구매해야 신선하다는 패러다임을 변화시킨 새벽 배송이나 샛별 배송 등은 인터넷 쇼핑몰에서 식품 소비 트렌드를 이끌었다. 반면 백화점이나 대형 쇼핑몰과 같은 대형 오프라인 소비시장은 직격탄을 받고 있다. 전문가들이 오프라인 매장은 사라지고 모든 소비 및 구매가 온라인으로 바뀔 것이라고 전망하는 가운데 하나금융연구소에서 발표한 자료는 흥미로운 결과를 보였다. 코로나 시대의 매출 증가 품목 중 3위가 정육점, 5위가 주류소매점이 그 자리를 차지한 것이다.

비대면 접촉 시대에 정육점 및 주류소매점의 매출 증가는 의아한 결과로 받아들일 수 있다. 여기서 온라인쇼핑이 가질 수 없는 오프라인 매장만의 확실한 장점을 다시 한번 느낄 수 있다. 과거에 비해 배송이 훨씬 빨라지고 비교적 정확해졌지만, 오프라인 매장은 내가 계획한 대로 '내가 원할 때 확실하게 가질 수 있다'는 장점을 뛰어넘을 수는 없다. 이렇게 버릴 수 없는 오프라인 매장의 장점과 코로나로 인한 자유로운 이동의 제한이 로코노미라는 신조어를 만들어내기도 했다.

로코노미는 지역Local과 경제Economy가 합쳐진 신조어로, 동네에서 소비가 이루어진다는 의미를 갖고 있다. 외출과 여행이 어려운 시대에 오프라인에서 직접 만져보고 고르고 손에 넣을 수 있는 느낌은 여행 등에서 느끼던 체험과 감성을 대체해준다. 로코노미숍은 대부분 주거상권에 작은 규모로 자리 잡고 인스타그래머블한 감성을 준다. 외식업계에서는 이러한 상황을 고려하여 소규모의 테이크아웃 전문점의 전망이 좋을 것으로 예상한다. 불안하고 억압된 언택트 사회에서 사람과 소통하고자 하는 오프라인 감성은 꾸준히 증가할 것이고 그러한 틈새를 포착하여 니즈를 충족한다면 소비자는 분명 반응을 보일 것이다. 주류를 중심으로 신선한 육류, 건강한 재료에 집중되고 있는 상황에 맞춰 홈술, 홈밥이 주가 될 포스트 코로나를 준비해야 할 것이다.

가상 매장·로봇 서비스…
매장 시스템의 진화

빅데이터

현재 우리는 정보의 홍수 속에서 살아가고 있다. 과거와 달리 디지털 환경에서 많은 양의 정보를 탐색하고 그 데이터를 다양한 분야에 활용하고 있는 것이다. 디지털 환경에서 생산되는 데이터는 현재의 시스템으로 제어하지 못할 만큼 방대volume하고 매우 다양한variety 형태로 형성된다. 또한, 스마트폰과 같은 첨단 기기를 통해 사진이나 비디오, 댓글 등 데이터가 무척 짧은 주기로 생성되고 있는데, IT 관련 업체들은 알고리즘을 적용해 빠른 속도로velocity 데이터를 처리해 실시간으로 결과를 도출한다. 우리는 방대한 데이터의 바다에서 필요한 데이터를 찾아 유의미한 가치value를 창출해야 한다. 또한 신뢰할 수 있는 진실성veravity 있는 데이터를 확보하고 가공해 보다 가치 있게 만들어야 한다. 데이터는 끊임없이 생성되고 변화variability하고 있다. 그러므로 빠르게 변화하는 시대에서 데이터를 활용해 개인의 성향을 파악하고 맞춤형 정보를 제공할 수 있어야 한다.

많은 사람이 사용하고 있는 페이스북은 사용자의 댓글과 '좋아요'를 분석해 사용자의 성격과 취향을 파악한다. 그리고 구글은 사용자의 라이프스타일을 데이터화하여 현재와 미래의 취향을 분석하고 있다. 앞으로 사람들은 진로, 연애, 중요한 의사결정을 내릴 때 더욱 적극적으로 데이터를 활용할 것이다. 자신의 주체적인 판단을 포기하고 컴퓨터의 데이터에 의존하는 사람들이 늘어날 가능성이 높다. 이처럼 데이터는 사람들이 판단과 의사결정에 영향을 주어 라이프스타일을 변화시킨다.

인공지능과 3D프린터 기술을 결합해 요리를 만들어내는 시대가 다가왔다. 주방에서 사람이 아닌 로봇이 요리하는 식당이 속속 등장하고 있다. 식용 가능한 액체 물질을 컴퓨터와 연결된 로봇에 주입한 뒤 명령에 따라 식재료를 쌓도록 하는 원리다. 3D 프린팅 기술이 적용되어 어렵고 복잡한 형태의 음식 제조도 가능하며, 칼로리나 영양소를 맞춤형으로 조절할 수도 있다. 또 조리 과정에서 음식물 쓰레기가 배출되지 않는다는 장점도 있다.

푸드 테크 Food Tech

외식시장에서 정확한 예측은 성패를 가르는 중요한 요소이다. 빠르게 진행되는 트렌드의 변화 속에서 불확실성이 커지고 있다. 이런 상황에서 빅데이터에 의한 정확한 예측은 비즈니스 전략을 수립하는 데 있어 중요하다. 앱과 홈페이지, SNS 등 다양한 채널을 통해 수집된 고객정보를 바탕으

| 인공지능
셰프, 쇼핑비서 | 소비, 수요예측
빅테이터 | 소비, 수요예측
빅테이터 | VR/AR
가상 리테일 환경 |
| 캐시리스
리테일 | 스마트물류
서빙로봇 | 옴니채널
온, 오프채널통합 | 3D 프린터
요리 |

로 고객 비율, 이용 시간대, 인기 메뉴, 상권과 같은 빅데이터를 수집하고 분석해 마케팅 자료로 사용할 수 있다.

빅데이터 분석을 통해 소비 트렌드를 정확히 파악하고 예측할 수 있으며, 이를 제품 개발에 활용할 수 있다. 그리고 개인 맞춤형 서비스를 제공할 수도 있다. 소비자의 최근 구매 이력, 구매 패턴, 매장 정보, 지출 이력, 주문 시간 등 빅데이터를 분석해 개인의 기호에 맞게 메뉴를 추천하고 제안하는 서비스를 구축할 수도 있다. 또한 블로그나 SNS에 의존하고 있는 맛집 정보를 빅데이터를 기반으로 검색하는 것도 가능하다. 다양한 콘텐츠를 수집하여 레스토랑과 소비자의 유기적 관계를 텍스트 마이닝을 통해 분석하고, 광고성 콘텐츠를 파악하는 등 빅데이터의 활용법은 무궁무진하다.

스마트 매장

인공지능 로봇의 탄생과 정보통신기술의 발전은 스마트 매장을 현실화시켰다. 미래의 스마트 매장은 고객과 AI와 IoT가 '초연결'된 허브 공간으로 탈바꿈할 것이다. 매장 관리자는 냉장고, 냉난방 기기, DID^{Decentralized}

Identifier, 탈중앙화 신원증명, 키오스크를 비롯한 매장 안의 모든 사물과 장비를 통신망을 통해 모니터링하고 제어할 수 있다. 인공지능이 고객의 취향을 파악하고, 음성인식 기술을 통해 고객과 대화하고, 얼굴 인식, 홍채 인식 프로그램을 통해 출입문을 자동으로 열어주는 등 개인 고객에게 맞춤 서비스를 제공할 수도 있다. 날씨나 기념일, 이벤트나 행사에 맞춰 음악을 플레이하고, 온도에 맞춰 채광과 보일러를 컨트롤하는 등 앞으로는 인공지능 로봇이 매장의 전반을 관리하게 될 것이다.

또한, 매장 안의 모든 사물이 연결되는 인프라가 구축되면 실시간으로 컨트롤할 수 있고, 수집된 데이터를 통해 고객 니즈를 분석할 수 있다. 이렇게 수집하고 분석된 데이터를 기반으로 사용자의 니즈를 파악해 상품과 서비스를 추천해 줄 수 있다. 부엌에서는 스마트 냉장고를 통해 식자재를 관리하고, 인공지능 재배기를 통해 매장에 필요한 식품을 공급할 수 있을 것이다. 식자재 재배기 내부 선반에 씨앗을 넣고 세팅하면 인공지능 컴퓨팅 기술이 자동으로 식자재를 재배한다. 적정한 온도, 수분, 영양분 공급 등을 인공지능 기술이 자동으로 제어한다.

최근 최저임금의 인상과 비대면 확산으로, 외식시장에서 비대면 주문을 가능하게 하는 키오스크 도입은 꾸준히 증가할 것으로 전망된다. 키오스크 주문 방식뿐만 아니라 스마트폰 앱을 활용한 스마트 오더 방식이 생활화될 것이다. 고객은 매장을 방문하기 전에 메뉴를 주문할 수 있다. 굳이 매장 직원과 대면하지 않고 테이블에 앉아서 개인 스마트폰을 활용해 메뉴를 검색하고 주문하는 시스템이 대중화될 것이다. 매장에서는 AI 로봇이나 스마트 테이블에서 고객이 직접 메뉴를 결정하고 계산할 수 있을 것이다. 고객이 스마트 키친 메뉴얼을 활용해 직접 식자재를 고르고 맞춤형 레시피를 선택하면 AI 로봇 셰프가 요리를 제공할 것이다.

스타벅스가 2014년 사이렌 오더를 출시한 이래로 현재 주문량의 약 20% 정도가 사이렌 오더로 통해 들어온다고 한다. 사이렌 오더는 모바일 앱을 통해 원하는 상품을 사전에 주문 결제하고 원하는 매장에서 수령하는 서비스다. 사이렌 오더는 스타벅스코리아가 구축한 시스템으로 미국 본사에 역수출하여 성공한 사례이다. 스타벅스의 성공 사례를 참고해 이디야는 '이디야멤버스', 탐앤탐스는 '마이탐', 투썸플레이스는 '모바일투썸', 할리스커피는 '할리스커피'라는 카페 앱을 운영하고 있다. 이런 앱들 덕분에 테이크아웃을 할 때 매번 카페에 들러 주문하고 기다릴 필요가 없어졌다. 이제는 카페마다 스마트폰 앱을 통해 미리 주문하고, 매장에서 제조된 식음료를 바로 수령해 갈 수 있는 '스마트 오더' 혹은 '모바일 오더' 서비스를 대부분의 카페에서 운영하고 있기 때문이다. 최근 코로나19 사태로 테이크아웃 이용자가 늘어나면서 자연스레 스마트 오더 활용도 늘고 있다.

인공지능, 사물인터넷, 센서기술의 발달로 무인시스템 스토어는 전 세계적으로 확산되고 있다. 비대면 서비스 선호, 최저임금 인상, 일부 국가에서는 인력 부족 등의 이유로 앞으로 더욱 급격하게 확산될 것으로 예상되고 있다. 2016년 12월, 아마존은 무인 매장인 아마존고를 오픈하였는데,

무인 리테일 산업 주요 기술

	머신비전	RFID	QR코드
주 재료	카메라, 중량 센터, 앱	RFID 태그	앱
장점	신속한 고객 행동 식별로 빠른 결제 가능 쉬운 고객 모니터링	상품을 신속하게 식별하여 빠른 결제 가능	저렴한 비용 빠른 결제
단점	높은 기술 비용 기술 개발 및 적용이 어려움	RFID 태그의 높은 비용 금속을 식별하기 어려움	고객 모니터링이 어려움

2021년까지 3,000여 개의 매장을 오픈할 계획이다. 중국은 전 세계에서 가장 빠르게 무인스토어를 도입·확산하였으나 상품 손실, 보안 문제, 판매 상품 제한 등의 이슈로 2019년에는 매장 숫자가 줄어들었다. 그러나 2020년 초에 코로나19 사태가 발생하자 다시 수요가 서서히 증가하고 있다. 일본은 구인의 어려움 등 사회적 문제점과 편의점의 포화 상태, 방문 고객 수 감소, 인건비 부담으로 무인 편의점 모델이 확대되는 추세다.

미국과 중국의 경우에는 이커머스 기업이 스마트매장을 선도하고 있지만, 국내의 경우 신세계, 롯데, GS그룹 등 리테일 기업에서 무인 매장을 주도하고 있다. 유통 업계에서는 대형 마트에서 셀프 계산 도입이 계속 확산되는 추세다. 국내 편의점 업계에서는 셀프 계산대를 활용해 고객이 스스로 결제를 하는 무인 점포가 도입되고 있는데, 이는 비용 효율과 점포 확장 등 여러 측면에서 긍정적인 평가를 받고 있다.

CU(BGF리테일) 편의점은 바이셀프 매장을 운영하는데, CU 전용앱을 통해 입장하고 상품의 QR코드를 셀프 스캔하여 결제할 수 있다. 이마트24 편의점은 하이브리드 무인 점포로, 신용카드 스캔 후 매장에 입장해 자판기를 통해 제품을 구매하거나 상품 바코드를 스캔해 셀프 계산이 가능하다. 이마트24의 완전 무인화 매장은 이마트24 전용앱을 사용하여 매장에 입장 가능한데, 저스트 워크 아웃Just Walk Out자동결제 시스템을 통해 별도의 결제 없이 상품을 구매할 수 있다. 세븐일레븐 편의점은 입장과 퇴장 시 2중 인증으로 보안을 강화했는데, 셀프 계산 및 인증 후 퇴장하는 시스템이다. GS편의점은 셀프 바코드 스캔 결제 시스템을 운영하는 매장과 전용앱을 사용하는 매장이 있다.

코로나19로 '언택트'는 이미 하나의 문화로 자리 잡고 있다. 효율성과 편리성이 높기 때문에 무인 서비스는 앞으로도 계속해서 성장할 것이다. 일부 프랜차이즈에서 사용되던 키오스크 주문시스템을 일반 음식점에서도 도입하는 추세다. 우리나라 소비자의 신기술 수용성에 기반하여 더욱 성장할 것을 기대되고 있는데, 소비자가 직접 상품을 인식하고 결제를 하는 셀프 매장 형태를 중심으로 활성화될 것이다. 유통기업들은 무인매장 시장을 점진적으로 확대하여 구인난을 해결하고, 각종 비용을 절감함과 동시에 기술을 발전시켜 갈 것이다. 시장조사업체 마켓츠앤마켓츠Markets and Markets

중국 무인 리테일 산업 시장 규모

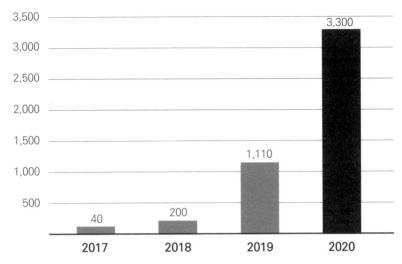

출처: SPRI

국내 키오스크 도입 추이

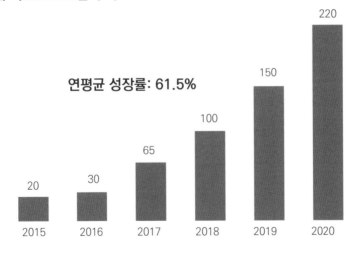

연평균 성장률: 61.5%

출처: NH투자증권 리서치본부

는 따르면 키오스크를 포함한 무인기기 시장은 2020년까지 연평균 9% 성장해 734억 달러에 달할 것으로 전망했다. 더불어 무인 점포의 필수 요소인 무인기기는 향후 폭발적인 성장기를 맞을 예정이다.

스마트 매장이 긍정적인 부분만 있는 것은 아니다. 장애인, 노약자, 실버 세대 등 키오스크의 사용이 불편한 사람들에게 무인화는 상당한 부담감을 안겨주고 있다. 또한 고객에게 즉각적인 피드백을 제공하기 어렵기 때문에 서비스 관리 문제도 발생한다. 매장에 직원이 있을 때는 문제가 발생할 경우 즉각적으로 대처가 가능하지만, 무인화가 된 매장에서 컴플레인이 들어오면 즉시 처리가 되지 않아 불편한 점이 많다. 일자리 감소 문제도 있다. 전문성을 가지고 있지 않아도 돈을 벌 수 있었던 단순 서비스 직업이 사라지면서 직업을 잃고 경제적으로 어려움을 겪는 사람들이 늘어나고 있다. 스마트 매장이 점점 확대될수록 일자리도 줄어들 것이기 때문에 실업 문제는 앞으로 큰 과제가 될 것이다.

가상물리시스템

가상물리 시스템이란 컴퓨터 프로그래밍을 통해 가상공간을 구현할 수 있는 시스템으로, 디지털 환경과 물리적 환경을 통합하는 개념이다. 가상현실VR, Virtual Reality과 증강현실AR, Argument Reality이 가상물리시스템 중에서 가장 각광받고 있는 개념이다. 최근에는 이 두 개념을 합친 혼합현실 MR, Mixed Reality이 새롭게 부상하고 있다. 증강현실은 가상의 콘텐츠가 마치 현실 세계에 실제로 존재하는 것처럼 보여주는 기법으로 현실 세계에 3차원 가상 물체를 보여주는 기술을 말한다. 가상현실은 컴퓨터 그래픽을 활용하여 제작한 가상의 공간을 이용해 체험자가 실제로 존재하지 않는 공간을 체험하거나 실제 특정 장소에 가지 않고도 그 장소를 체험하게 해주는 시스템이다. 가상현실과 증강현실을 합친 혼합현실은 VR이 주는 몰입감과 AR에서 느낄 수 있는 현실감을 동시에 느낄 수 있도록 적절하게 조합한 것이다.

미래에는 IT기업들이 증강현실 기반의 3차원 인터페이스 개발에 집중할 것이다. 또한, 클릭과 터치로 조작하던 마우스와 키보드라는 대표적인 입력장치를 대체해 음성speech, 시선gaze, 동작gesture을 인식하는 새로운 인터페이스가 등장할 것이다. 스마트 미디어 및 스마트 기기 시대가 도래하였다. 지금은 스마트폰 중심으로 이루어지고 있지만, 앞으로 스마트 안경, 웨어러블 시계, 디지털 링이 가장 각광받는 미디어 플랫폼으로 출현할 것이다. 애플과 삼성 등에서 손목시계 형태의 웨어러블 인터페이스를 개발하여 애플워치, 갤럭시워치 등으로 출시한 바 있다. 몸에 직접 착용하거나 부착할 수 있는 스마트 미디어 기기가 점점 늘어나고 있다. 구글의 스마트 안경과 마이크로소프트사의 머리에 쓰는 디스플레이HMD, Head Mounted Display와 같은 기기도 주목을 받고 있다. 평소와 같이 주변을 보면서 필요할 때 정보를 얻을 수 있게 해주는 미디어 기기는 스마트폰을 보면서 운전하거나 걷는 위험하고 불편한 상황을 개선해 줄 것이다.

증강현실 속에서 제품을 경험할 수 있는 커머스 시장도 탄생하고 있다. AR 헤드셋을 착용하고 쇼핑하는 알리바바의 바이플러스는 실제로 매장에 가지 않아도 매장에서 쇼핑을 하는 것처럼 제품을 살펴볼 수 있도록 해 준다. 그리고 제품의 소재나 사이즈 등 상세 정보도 제공해 준다. 워너비는 '워너 킥스' 앱을 통해 브랜드 운동화를 가상으로 착용해 볼 수 있도록 한다. 구매를 하기 전에 착용해 봄으로써 소비자의 보다 정확한 판단을 돕는 것이다. 온라인 쇼핑 시장에서는 이와 같은 AR 체험 서비스가 더욱 확산될 것으로 보인다.

이러한 현상은 요식업에도 영향을 미치고 있다. 오늘날에는 음식을 오감으로 모두 즐기려는 소비자가 늘고 있다. 즉, 음식의 맛뿐만 아니라, 시각적인 경험 또한 매우 중요한 요소가 되고 있는 것이다. 이런 트렌드를 반영해 가상현실 기술로 음식의 조리 과정을 보여주거나 특정 이벤트를 제공하는 등의 '가상 둘러보기' 서비스를 제공할 수 있다. 이러한 가상현실 체험 서비스는 마케팅 효과를 발휘해 새로운 경험을 원하는 고객을 유치하는 데 도움이 될 것이다.

스마트 안경이나 헤드셋을 통해 전체 메뉴를 감상할 수 있을 뿐 아니라, 결제까지도 한꺼번에 해결할 수 있다. 가상현실 시스템은 배달 외식 시장에도 변화를 가져올 수 있다. 가상현실 시스템을 통해 고객들이 가상의 매장을 방문한 뒤, 직접 메뉴를 선택하고 주문할 수 있다. 가상현실 영상을 통해 실물처럼 보이는 다양한 메뉴들을 경험한 고객들은 자신이 먹고 싶은 메뉴를 더욱 쉽게 결정할 수 있을 것이다. 더불어, 외식 기업의 마케팅팀에서는 가상현실을 홍보 및 마케팅에 활용해 메뉴뿐만 아니라 브랜드 스토리까지 고객에게 생생하게 전달할 수 있을 것이다.

로봇 서비스

과거에는 셰프에게 있어 시그니처 메뉴의 맛과 예술성이 중요했다면 최근에는 기획자로서의 셰프의 능력이 새롭게 주목받게 되었다. 인간 셰프와 로봇 셰프가 하나의 주방에서 공존하는 그림은 미래가 아닌 지금 당장 일어날 수 있는 일이다. 지금까지는 메뉴 및 재료 선정, 요리 기술, 예술성이 중요했지만, 앞으로는 다양한 테크놀로지를 이해하고 창의성을 바탕으로 로봇 셰프에게 어떠한 임무를 부여하는지가 더 중요해질 것이다. 현재의 로봇 셰프는 정해진 재료와 레시피를 통해서 요리를 만들지만, 앞으로의 로봇 셰프는 보다 창의적인 음식을 요리할 수 있을 것이다.

최첨단 기술이 적용된 로봇 셰프는 식자재 관리부터 재료 손질 등 요리의 전 과정을 도맡아 한다. 맛의 구현에서도 인간 셰프와 비슷한 수준이라는 평가를 받고 있다. 인공지능과 로봇 기술이 더욱 발전한다면 인간 셰프들은 요리에서 벗어나 메뉴 개발 등 더욱 창의적이고 가치 있는 일에 집중할 수 있을 것이다. 나아가 로봇 셰프 개발에도 참여할 수 있을 것이다. CJ푸드빌에서 운영하는 매장에서는 LG전자가 개발한 로봇 셰프를 활용해 국수를 만들어 제공하고 있다. 배달의민족의 운영사인 우아한형제들에서 개발한 서빙 로봇이 주문을 받고 음식을 서빙하는 광경도 이제는 쉽게 볼 수 있다. 로봇카페 비트b;eat에서는 직원이 매장에 상주하지 않고 로봇이 음료를 제조하고 서비스를 한다. 스마트 테이블에 있는 고객정보를 이용하거나 QR코드를 통해 메뉴를 주문하면 서빙 로봇이 테이블까지 음식을 가져다주는데, 얼굴 인식 기능을 통해 고객별 맞춤 서비스도 가능하다.

이미 전 세계 곳곳에서 배달 로봇과 드론을 활용하여 고객이 주문한 음식과 상품을 전달하는 서비스를 테스트하고 있다. 머지않은 미래에 로봇과 드론이 배달 분야에서 폭넓게 상용화되어 많은 인력을 대체하게 될 것이다. 자율주행이 가능한 배달 로봇은 고객이 주문한 메뉴를 안전하게 배달할 수 있다. 고객은 배달 로봇의 위치와 이동 상황을 스마트폰 앱을 통해 실시간으로 확인할 수 있다. 로봇이 힘들고 반복적인 업무를 담당하면, 매장 직원은 보다 창의적이고 감성적인 업무에 집중할 수 있다.

2021 수도권 배달상권 리스트 TOP 10

코로나19바이러스의 전 세계적 유행은 자영업 지도의 형태도 바꾸고 있다. 전통적으로 지역의 대표 상권은 유동 인구와 이를 바탕으로 한 주동선을 따라 형성되어 왔다. 하지만 이제 주동선은 역설적으로 소비자들이 애써 우회하는 동선이 되어가고 있다고 해도 과언이 아니다. 이제 매출과 상권력을 가늠하는 지표는 유동 인구보다 주거 인구과 직장 인구로 표현되는 '정주 인구'가 더 유효하다 할 수 있다. 이 자료는 업계를 대표하는 프랜차이즈 브랜드 가운데, 입지와 매출이 추적 가능한 지표 브랜드를 추려 작성하였다. 포스트 코로나 시대에 배달전문점 창업을 염두에 두고 있는 예비 창업자라면 두 눈을 크게 뜨고, 관심 있게 보길 바란다.

1. 인천부평시장역 기점

지역	배후 인구	직장 인구	유동 인구	지표 브랜드
인천 부평시장역 기점	215,440	80,805	65,293	치킨, 죽, 도시락, 족발

인천 부평시장역은 반경 1.5km 이내의 배후 인구와 직장 인구 수의 합계가 약 30만 명에 이른다. 북쪽으로는 한국GM 부평공장이 있고, 남쪽은 부평역세권을 포함하는 1, 4, 7호선이 인접해 있는 트리플 역세권으로 봐도 좋다. 배후의 주거 형태는 조밀한 주택가로 이루어져 있다. 다만, 주차장 확보가 어려운 편이어서 자주식 주차장의 유무가 매출에 큰 영향을 끼치는 상권이다. 상권 전역이 평지로 이루어져 있어 라이더들의 배달 환경이 상대적으로 좋은 것도 장점으로 꼽을 수 있다.

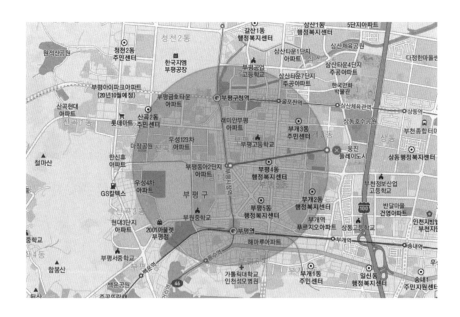

2. 부천 신중동역 기점

지역	배후 인구	직장 인구	유동 인구	지표 브랜드
부천 신중동역 기점	181,691	104,843	103,218	치킨, 죽, 도시락, 족발

부천 신중동역은 반경 1.5km 이내의 배후 인구와 직장 인구 수의 합계가 약 29만 명에 이른다. 중심에 부천시청과 그 배후 지역을 포함하고 있으며, 동쪽으로 춘의역과 춘의테크노파크, 아파트형 공장 밀집 지역을 포함한다. 배후의 주거 형태는 조밀한 주택가로 이루어져 있다. 1, 7호선을 이용하는 주민들의 배후 주거지로 볼 수 있다. 주차장 확보가 어려운 편이어서 자주식 주차장의 유무가 매출에 큰 영향을 끼치는 상권이다.

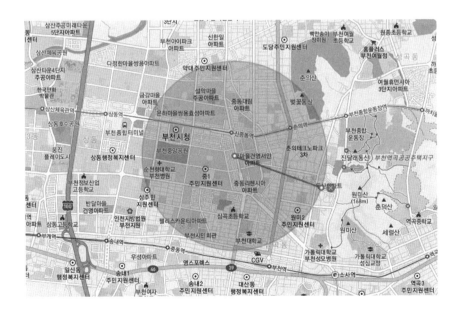

3. 서울 상월곡역 기점

지역	배후 인구	직장 인구	유동 인구	지표 브랜드
서울 상월곡역 기점	150,748	77,098	46,674	치킨, 죽, 도시락, 족발

　　서울 성북구 상월곡역은 북쪽의 북서울꿈의숲 공원과 남쪽의 경희대
학교 캠퍼스 사이에 끼인, 속칭 '닫힌 상권'이다. 서쪽은 내부순환로가, 동
쪽은 중랑천이 막고 있기에 배후 소비의 누수가 상대적으로 적다. 거주민
의 소비 지표가 높은 상권은 아니지만 중저가대 배달음식에 대한 소비자의
니즈는 매우 강한 상권이다. 배후의 주거 형태는 조밀한 주택가로 이루어
져 있다. 골목과 지형의 고저차가 큰 편이어서, 배달 라이더의 업무 난이도
가 높은 편이다.

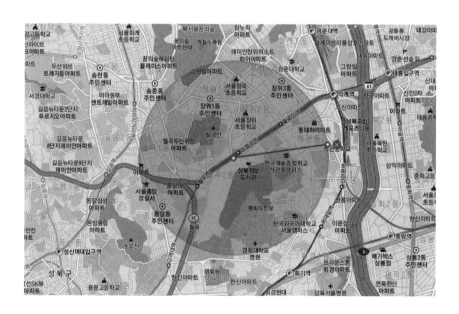

4. 안양 안양역 기점

지역	배후 인구	직장 인구	유동 인구	지표 브랜드
안양 안양역 기점	135,411	57,667	108,851	치킨, 죽, 도시락, 족발

안양역 배후 상권은 반경 1.5km 이내의 배후 인구와 직장 인구 수의 합계가 약 29만명에 이른다. 반경 안에 택지가 차지하는 비중이 상대적으로 적기 때문에, 인구 밀도가 매우 높다고 할 수 있다. 배후 인구의 연령대 분포를 보면, 배달 음식에 대한 거부감이 낮은 30대가 주를 이룬다. 거주민의 소비 지표가 높은 상권은 아니지만, 중저가대 메뉴 구성에 대한 니즈가 매우 강한 상권이다. 특히 주문에 옵션이 많은 업종에도 거부감이 적다.

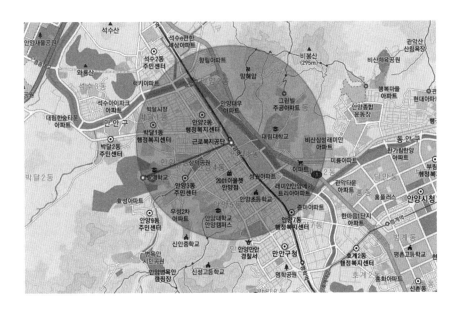

5. 서울 양재역 기점

지역	배후 인구	직장 인구	유동 인구	지표 브랜드
서울 양재역 기점	109,992	220,755	188,169	치킨, 죽, 도시락

양재역은 서초동을 포함한 강남역 남부 상권과 도곡역 일대의 부촌을 포함한다. 직장 인구 수가 단위면적당 국내에서 최상위권에 속하며, 소득과 소비 지표도 높다. 정통 배달 업종 음식보다는 테이크아웃 서비스에 대한 수요가 높은 것이 특징이다. 배후 인구와 직장 인구 수의 합계는 33만 명 수준이다. 추천 업종은 테이크아웃 패키지가 취식에 용이한 형태를 가진 도시락이나 샌드위치 업종이다. 커피 등의 음료 업종은 경쟁 강도가 매우 높은 상권이다.

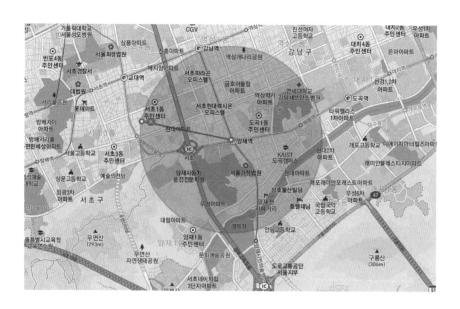

6. 서울대입구역 기점

지역	배후 인구	직장 인구	유동 인구	지표 브랜드
서울대입구역 기점	222,973	72,818	162,381	치킨, 죽, 도시락, 족발

서울대입구역 주변은 반경 1.5km 내에 약 30만 명의 정주 인구를 가진다. 서쪽의 신림역 상권과 봉천동 일부 권역을 공유한다. 단위 기간별 전입·전출 인구가 많은 상권으로, '새물 효과물이 빠진 곳에 새로운 물이 들어오는 것처럼 사람이 빠진 곳에 새로운 사람이 들어옴으로써 활력을 불어넣는 효과'가 있어서 상권 내에 안착한 가게들의 운영 기간이 상대적으로 긴 편이다. 메뉴별 판매단가에 민감하게 반응하는 상권이기도 하다. 추천 업종은 1인식 구성에 충실한 도시락, 치킨, 족발, 보쌈 등이다. HMR구성의 밀키트도 유효하다.

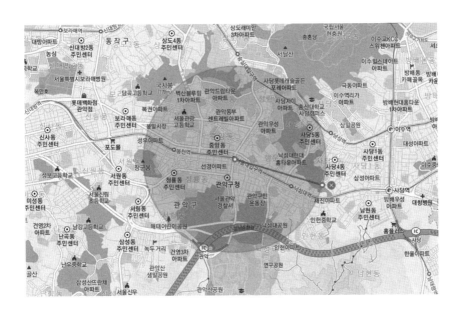

7. 서울 여의도역 기점

지역	배후 인구	직장 인구	유동 인구	지표 브랜드
서울 여의도역 기점	56,836	217,883	172,404	죽, 도시락

한국을 대표하는 오피스상권인 여의도역 주변은 직장 인구 수만 22만 명에 육박한다. 배달업종보다는 테이크아웃, 간편 취식, 패스트푸드 업종이 강세를 보이는 상권이기도 하다. 소득과 소비 수준이 모두 높으며, 메뉴의 선택지에서도 상대적으로 보수적인 성향을 보인다. 대형 빌딩마다 건물 내에 자체 케이터링, 식음 코너를 운영하는 곳이 많다. 추천 업종은 초밥, 샌드위치, 도시락 업종이다. 특히 규동과 같은 돈부리, 덮밥 종류에 대한 니즈가 큰 것으로 조사되었다.

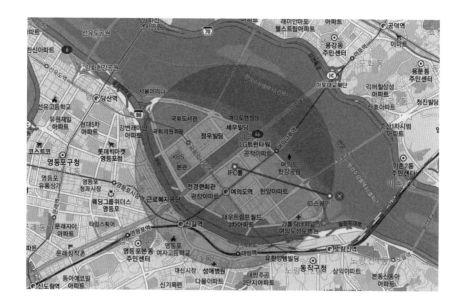

8. 서울 신림역 기점

지역	배후 인구	직장 인구	유동 인구	지표 브랜드
서울 신림역 기점	241,371	84,843	219,256	치킨, 죽, 도시락, 족발

신림동을 고시촌으로 반추하는 사람이 많다. 하지만 이제는 배달전문점의 테스트배드^{새로운 기술·제품·서비스의 성능 및 효과를 시험해볼 수 있는 시스템이나 환}경로 기억해도 좋을 만한 상권이 되었다. 동쪽으로 서울대입구역 상권을 일부 공유하고 있다. 배후의 주거 형태는 조밀한 주택가로 이루어져 있으며, 주택가 이면도로에 작은 평수의 상가점포를 조달하기 용이한 상권이다. 메뉴별 판매단가에 민감하게 반응하는 상권이기도 하다. 신메뉴, 퓨전 음식 등에 대한 거부감이 덜하다. 추천 업종은 치킨, 족발, 보쌈 등이다.

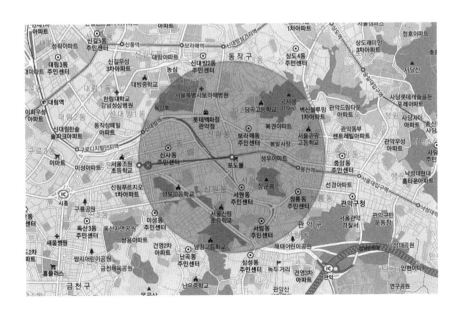

9. 서울 문정역 상권

지역	배후 인구	직장 인구	유동 인구	지표 브랜드
서울 문정역 기점	130,834	106,891	113,577	치킨, 죽, 도시락

주변에 법조타운과 신규택지개발지구위례신도시가 들어서면서 짧은 기간 동안 상당히 많은 부침을 겪은 상권이다. 하지만 2020년 4분기 기준으로 본격적인 안정세에 접어들었다고 평가할 수 있다. 주거와 직장 인구의 비율이 약 5:5로, 법조타운 업무시설을 제외하면 주 7일 영업에 무리가 없다. 하지만 법조타운 내부 상권은 주말 매출이 크게 낮아질 것을 유의해야 한다. 위례신도시까지 대응할 수 있는 장거리 배달에 용이한 업종을 추천한다.

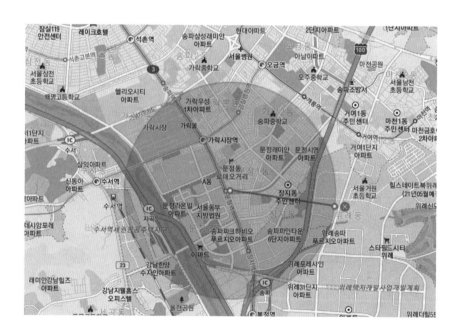

10. 수원 영통역 상권

지역	배후 인구	직장 인구	유동 인구	지표 브랜드
수원 영통역 기점	103,098	192,337	100,439	치킨, 죽, 도시락, 족발

최근 5년 사이, 수도권에서 가장 핫했던 상권을 꼽으라면 주저 없이 광교 신도시를 꼽을 수 있다. 하지만 외연에 보이는 가치를 조금만 내려놓을 수 있다면, 바로 아래 영통역 상권을 주목할 필요가 있다. 수원 망포에서부터 영통을 거쳐, 광교, 서울로 출퇴근을 하거나, 주변에서 근무하는 정주 인구가 약 30만 명 수준이다. 해마다 소득·소비 지표도 함께 상승하는 지역이라는 특징이 있다. 추천 업종은 치킨, 찜닭, 족발 등의 대표적인 배달업이다.

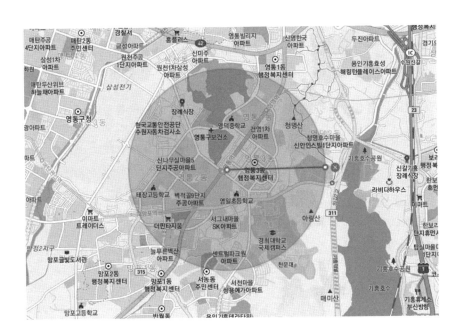

2020년 3분기, 반경 1,500m 기준

구분	지역	배후 인구	직장 인구	유동 인구	지표 브랜드
1	인천 부평시장역 기점	215,440	80,805	65,293	치킨, 죽, 족발
2	부천 신중동역 기점	181,691	104,843	103,218	치킨, 죽, 족발
3	서울 상월곡역 기점	150,748	77,098	46,674	치킨, 죽, 족발
4	안양 안양역 기점	135,411	57,667	108,851	치킨, 도시락, 족발
5	서울 양재역 기점	109,992	220,755	188,169	치킨, 죽, 도시락
6	서울대입구역 기점	222,973	72,818	162,381	치킨, 죽, 도시락, 족발
7	서울 여의도역 기점	56,836	217,883	172,404	죽, 도시락,
8	서울 신림역 기점	241,371	84,843	219,256	치킨, 죽, 도시락, 족발
9	서울 문정역 기점	130,834	106,891	113,577	치킨, 죽, 도시락
10	수원 영통역 기점	103,098	192,337	100,439	치킨, 죽, 도시락, 족발

수도권에서 성장할 것으로 여겨지는 배달상권 열 군데를 살펴보았다. 배달시장은 이전부터 지속적으로 성장해왔으며 코로나로 인해 성장이 더욱 가속화되었다. 이제는 치킨, 피자 족발 등 일부 품목이 그쳤던 배달음식이 외식산업 전체로 확산되고 있다. 위기를 극복할 중요한 수단 중 하나로 꼽히는 만큼 배달상권 분석 자료를 통해 현명한 창업을 할 수 있길 바란다.

3장

독립창업 VS 프랜차이즈, 당신의 선택은?

자유로운 독립창업 VS 안정적인 프랜차이즈

우리 사회에서 갑을 논쟁은 늘 뜨거운 감자였다. 그동안 경제 권력에 의해 불공정한 대우를 받던 모든 경제적 약자의 권리를 되찾아 주어야 한다는 목소리가 힘을 얻고 있는 것이다. 정치권에서도 경제민주화를 주장하며 이러한 논의를 이끌고 있다. 그런 와중에 유독 프랜차이즈 분야에 각종 비판과 규제강화가 집중되고 있다. 마치 프랜차이즈 분야가 갑을 논쟁, 경제민주화 논쟁의 중심지로 간주되고 있는 것 같아 안타깝다.

프랜차이즈 사업방식은 경제 성장과 고용 증진에 미치는 효과가 큰 매우 혁신적인 비즈니스모델이다. 그래서 세계 각국은 자국의 프랜차이즈를 육성하거나 글로벌 프랜차이즈를 자국 시장에 받아들이기 위해 많은 노력을 기울이고 있는 상황이다. 우리나라도 국내 도입 40년 만에 시장 규모 120조 원, 고용 인구 125만 명의 거대 산업분야로 성장하여 우리 경제의 큰 축을 담당하고 있다. 물론 이면에는 자격 미달의 가맹본부가 난립하는 등 전혀 문제가 없었던 것은 아니었지만 산업계 내부의 자율적인 자정 노력이 확산되면서 가맹사업의 안정성과 공정성이 선진국 수준으로 크게 향상되고 있다.

외식업에 있어 주변에서 흔히 보게 되는 자영업은 크게 독립창업 형태이거나 아니면 프랜차이즈 가맹점 창업의 두 가지로 나뉜다. 즉 예비창업자는 대중적으로 알려진 공동 브랜드를 사용하는 프랜차이즈 가맹점이나 자신이 만든 독립적인 브랜드를 내걸고 영업을 하는 독립창업, 두 가지 중 하나를 선택하여야 한다. 물론 직영점 위주의 운영을 하는, 대개는 대기업 계열사가 운영하는 브랜드와 외국계 브랜드들도 있다. 하지만 이 브랜드들은 소자본 자영업자에게는 창업 기회를 제공하지 않는다.

예비창업자에게는 프랜차이즈 사업의 가장 큰 장점은 점주가 특별한 경험이나 기술을 갖추지 않았더라도 가맹본부의 사전교육과 다양한 지원에 의해 점포 개설과 운영이 가능하다는 점이다. 개점까지 필요한 환경 분석과 상권 입지 분석 등 사업 타당성 분석부터 사업 개시를 위한 각종 인허가와 세무에 대한 조언, 인력 조달, 직원 훈련, 시설 인테리어 공사, 안정된 식자재 공급 등 혼자 처리할 경우 많은 시간과 노력 및 시행착오에 의해 발생할 수 있는 손실을 최소화하고 이를 예방해준다.

또한, 개점 후 운영 과정에서도 프랜차이즈 가맹점은 본사의 슈퍼바이징을 통해 상권의 변화나 소비자 니즈의 변화, 트렌드 변화에 대해 신속하게 대응하고 주변 경쟁 구도의 변화에 대처할 수 있게 도움을 받는다. 사실 독립창업자가 소비자 니즈와 트렌드의 신속한 변화를 분석하고 이에 맞춰 새로운 메뉴를 지속적으로 개발하는 것은 매우 어려운 일이다. 메뉴 하나를 새로 만들기 위해서도 정해진 메뉴 개발 프로세스에 따라 실패를 최소화하여 위험을 낮추기 위해 다양한 사전 시장조사와 시식 등 시장테스트를 거쳐 여러 단계 검증을 거치게 된다. 이런 절차를 독립창업자가 홀로 감당하기는 어렵다.

또한 가맹점은 경쟁 점포의 개점이나 상권의 변화로 인해 예상되는 매출 부진에 대처하도록 문제점을 진단하고 이를 해결할 수 있는 처방을 본사로부터 지원받는다. 계절에 따라 절기나 기후, 명절이나 입학 · 졸업 시즌 등을 이용하여 각종 판촉 행사를 전개하는 계절 마케팅을 활용하고, 커다란 축제나 게임이 벌어지는 대형행사에 걸맞은 대규모 마케팅 활동을 통해 상당한 매출을 올리기도 한다. 가맹점은 해당 지역의 점포에 필요한 표적 마케팅 전략을 지원받을 수 있으며 불특정 다수의 고객에게 브랜드를 알리기 위해 미디어 광고는 물론 트위터나 페이스북 등의 SNS를 통해 다양한 홍보를 지원하며 LSM^{Local Store Marketing, 지역 점포 마케팅} 지원을 전개하기도 한다.

이처럼 각고의 노력을 통해 비즈니스 수익 모델을 정립하고, 이를 표준화, 전문화, 단순화시켜 가맹사업을 전개한 후 일정 기간 대중의 검증을 거쳐 하나의 프랜차이즈 브랜드가 만들어진다. 많은 가맹점을 가진 프랜차이즈 브랜드는 그만큼 많은 사람의 선택을 받아 다점포를 보유하게 된다. 이로 인해 브랜드 인지도와 신뢰도가 형성되고 규모의 경제로 인해 가격 경쟁력과 품질 경쟁력을 확보하게 됨으로써 사람들 사이에서 브랜드 파워가 안정적으로 자리를 잡게 되는 것이다.

그러므로 프랜차이즈 창업이 독립창업에 비해 3~4배의 생존력이 담보된다. 실제로 외식업종에서는 프랜차이즈 가맹점의 생존율이 독립창업에 비해서 최대 5~6배 높다는 것이 정설로 받아들여지고 있다. 이런 관점에서 로열티나 부대 비용을 지불하더라도 본사가 가맹점 지원 OS프로그램 운영체계에 지속적으로 투자하는 프랜차이즈를 선택하는 것이 바람직한 대안이 될 수 있다.

좋은 프랜차이즈를 선택하기 위해서는 앞서 언급한 OS의 확인 외에 다음과 같은 부분을 반드시 점검해야 한다. 가맹본부에 대한 뉴스보다 가맹점의 뉴스가 더 많이 검색되는 브랜드(인터넷 포털사이트에서 검색 가능), 가맹점 지인들이 대거 참여하고 있는 브랜드(운영 중인 가맹점에 방문하여 확인), 가맹본사 직원의 가족들이 대거 참여하고 있는 브랜드, 가맹점의 생존권에 해당하는 영업권역을 넓게 주어 배후 상권이나 고객 수를 많이 주는 브랜드(계약 시 확인)는 성공할 것이라고 확신한다.

피해야 할 프랜차이즈로는 가맹금이나 로열티를 면제하는 브랜드(다른 방식으로 수익 취함), 메뉴에 직접적으로 영향을 주는 원재료가 아닌 인테리어 공사 등을 본사가 지정한 곳으로 고집하는 브랜드(가맹점 매출 증대로 수익원을 찾아야 함), 계약갱신요구권은 가맹사업법상 전체 가맹계약기간이 10년인데 초기 계약부터 짧게 요구하는 브랜드(계약 시 확인), 가맹점의 생존권인 영업권역을 지나치게 좁게 설정하는 브랜드(영업 권역 내 고객 수가 많아야 함, 계약 시 확인) 등이다.

프랜차이즈는 공생의 비즈니스다

가맹사업은 소비자를 상대로 수익을 창출하기 위한 가맹본사와 가맹점이 계약관계에 의해 이루어진다. 그러므로 가맹본부와 가맹점 간의 직접적인 관계이다. 또 하나의 축으로는 가맹점과 고객과의 관계가 있다. 고객은 비대면이든 대면이든 가맹점을 이용하여 매출을 발생시킨다. 때문에 가맹점과 소비자는 직접적인 관계이다. 또 다른 한 축으로 가맹본사와 공급업체가 있다. 가맹본사는 가맹점에 양질의 제품을 저렴하게 공급하기 위해 공급업체를 선정한다. 공급업체 역시 가맹본사와는 직접적인 계약관계이다.

이와 같이 프랜차이즈 시스템은 가맹본부, 가맹점, 소비자, 공급업체라는 4개의 조직체로 구성되며 이들은 법적으로는 독립적이지만 경제적인 관점에서는 상호 의존적이며 소비자의 관점에서는 최종적으로 운영상의 일체성 및 통일성을 유지하는 것이라고 할 수 있다. 프랜차이즈 시스템의 목표는 공생symbiosis이며 4개의 하위 시스템은 상호 공생적 관계symbiotic relationship를 유지해야 한다. 따라서 이들 프랜차이즈 기업은 4개의 하위 시스템을 포함하는 하나의 가상기업virtual company라고 볼 수 있다.

우리가 흔히 공생을 이야기할 때 그린란드 상어를 예로 든다. 바다의 포식자 그린란드 상어가 극한의 추위를 견디며 심해에서 500여 년을 살아가는 비결이야말로 그린란드의 상어가 선택한 공생의 방식이 최선의 방식이 아닐까 생각한다.

북극 심해에서 자라는 그린란드 상어는 기생충의 일종인 요각류에게 자신의 눈을 제공하여 장님이 된다. 이렇게 눈이 멀어버리면 먹이를 포식하기가 어려워지는데 이때 상어의 눈에 기생하는 요각류의 빛을 이용해 1초에 30센티미터를 움직이며 먹이를 사냥한다. 장님이 되면 그린란드 상어의 눈이 제대로 작동하던 때와는 다르게 체내의 전반적인 생화학 반응과 대사가 느려져, 빠른 동작으로 먹이를 사냥하지 않고 적은 양의 먹이로도 성장할 수 있도록 체질이 바뀌면서 노화도 늦어지고 수명이 길어진다고 한다. 이와 같이 성급하지 않게 아주 천천히 움직이면서 많은 먹이를 먹지 않아도 평균 400년 이상은 거뜬히 살아가는 것이다. 반대로 공생을 선택하지 않은 상어는 혹독한 추위 속에서 살아가는 그린란드의 상어와 달리 오랜 수명을 유지하지 못하고 죽고 만다.

가맹본사도 장수기업으로 생존하려면 그린란드 상어와 같이 가맹점과 함께 공생하는 길을 걸어야 한다. 결국 서로를 돌보면서 살아가는 것이 함께 살아가는 공생의 원리이다. 가맹점이 살아야 가맹본사도 살 수 있다는 가맹사업의 원리는 누가 주체인가를 떠나 공생의 기본이다. 물론 고객과의 접점에서 직접적인 관계에 있는 가맹점 역시 특정 가맹점의 귀책 사유로 인해 다수의 다른 가맹점에도 심각한 피해를 줄 수 있다는 점을 절대로 간과해서는 안 될 것이다.

공생을 외면한 프랜차이즈 업계의 가슴 아픈 사건들이 있다. 2011년 A 브랜드의 특정 가맹점에서 고객이 먹다가 남긴 음식을 재사용하는 장면이 미디어를 통해 알려졌고, 또 일부 재료의 경우 본사가 공급하는 국내산이 아닌 저렴한 중국산을 사용했다는 것이 밝혀졌다. 그간 국산 재료를 사용하는 것으로 알고 있던 소비자들의 공분을 사면서 전체 매장의 매출이 곤두박질쳤고 가맹본부도 심각한 경영 위기에 놓였던 사건이었다. 결국 본사는 1,200여 개의 가맹점에 미칠 피해를 최소화하기 위해 해당 가맹점 2곳을 계약 해지하고 손해배상을 청구하면서 사건은 마무리되었다.

또 2017년 B브랜드는 갑질 사건으로 논란을 빚었다. 이 사건에서는 무죄 판결을 받기는 했지만 이후 오너의 배임·횡령 사건이 불거지면서 소비자로부터 외면을 받아 브랜드 이미지에 심각한 타격을 입었다. 이는 가맹점의 매출 부진으로 이어졌고, 본사마저 5년 이상 적자가 지속으로 상장되어 있던 주식이 거래정지를 받는 등 어려움을 겪다가 결국 M&A를 통해 회사를 매각함으로써 일단락이 되었지만 남아 있는 가맹점은 아직도 어려움을 겪고 있다.

이 두 사건에서 알 수 있듯이 가맹본부의 잘못이든 가맹점의 잘못이든지 간에 동반자적인 관계에 있는 이들 모두에게 매출 부진 등의 심각한 영향을 준다는 것을 확인할 수 있었다. 이들의 관계는 떼려야 뗄 수 없는 불가분의 관계이며 가맹본부와 가맹점 모두 소비자로부터 자유로울 수 없다. '비가 온 뒤에 땅이 굳는다'는 말이 있듯이 이제부터라도 그린란드 상어와 같이 공생의 정신으로 똘똘 뭉쳐야만 소비자에게 신뢰받는 브랜드로 거듭날 수 있다.

프랜차이즈 비즈니스에서 진정한 의미의 공생이란 강자와 약자의 관계, 갑과 을의 관계가 아닌 동반자의 관계임을 명심하고 서로 이익을 볼 수 있는 공생 관계를 이어가야 할 것이다.

파리바게뜨가 1등 제과점이 될 수 있었던 이유

모 언론사 산업부장과 식사를 같이 했던 적이 있다. 이야기를 나누던 중 공중파를 통해 방송되었던 유명 프랜차이즈 브랜드의 갑질 소식이 화제로 떠올랐다. 방송의 이슈는 10년 된 가맹점을 계약 해지하고 동일 장소에서 동일한 업종으로 영업할 수 없도록 한 것이 문제가 된다는 것이다. 언뜻 방송 내용이 맞는 것처럼 들린다. 대중들은 해당 브랜드에 대해 불매운동 운운하며 방송 내용에 대해 SNS를 동원해 뜨거운 반응을 보이며 해약한 가맹점주 편에 서서 옹호하고 나선다.

그때 그가 뜻밖의 얘기를 꺼냈다. 자신의 어머니가 20년 전부터 파리바게뜨를 운영하고 있는데 계약갱신 기간이 종료되어 해지했다는 사실이 전혀 이해할 수 없다는 것이다. 왜냐하면 지금까지 건물주가 점포를 비워 달라고 해서 몇 차례 막대한 손해를 보며 장소를 이전한 적은 있지만, 본사 로부터는 단 한 번도 그런 얘기를 들어본 적이 없다는 것이다. 만일 그랬다 면 왜 우리 어머니가 아직도 그 브랜드를 하고 있겠느냐고 했다.

필자는 며칠 후, 공정위가 발표한 아주 흥미로운 기사를 읽었다. '공정 위, 협력사에 갑질한 ○○○사에 시정명령'이라는 제하의 기사를 통해 협 력사로부터 제품을 받고 하도급대금을 만기일이 60일을 초과하는 어음대 체결제수단으로 지급하면서 수수료를 지급하지 않은 것으로 시정명령을 내렸다고 했다. 그런데 프랜차이즈와는 달리 해당 기사에 댓글을 달거나 페이스북, 트위터 등에서 언급한 흔적을 찾아볼 수 없었다. 앞서의 프랜차 이즈 브랜드의 갑질 사건과는 달리 관심 밖의 이야기에 불과한 것이다. 바 로 이 부분이 가맹사업에서의 본질을 이해하는데 매우 중요한 지점이다.

가맹사업은 두 사업자 즉, 가맹점 사업자와 가맹본부가 상호 간에 이익 을 창출하기 위하여 계약을 맺는 것으로 시작한다. 소비자가 이용하는 가 맹점 뒤에는 가맹본부가 있고 가맹점과 가맹본부에 물건을 공급하는 협력 업체 즉, 공급업체가 있다. 가맹본부가 소비자를 대상으로 브랜드를 알리 기 위해 많은 노력을 하면 소비자는 매장을 찾아 매출을 발생시키고, 가맹 본부가 협력업체를 찾아 양질의 제품을 저렴하게 가맹점에 공급하도록 계 약하면 협력업체는 양질의 제품을 가맹점에 공급하게 된다.

이처럼 4자 간의 관계는 앞서 언급한 것과 마찬가지로 가맹사업이라는 중심축을 이루고 유기적으로 맞물려 돌아간다. 그런데 만일 이들 중 하나라도 서로가 공생하는 관계라는 것을 잊고 자신의 이익만을 꾀하면 문제가 발생하게 된다. 예를 들어 가맹본부가 협력업체와의 거래를 이유로 통행세를 부담하게 하거나 가맹점 공급가를 높여 공급한다면 손해를 보기 싫은 가맹점은 소비자에게 전가하여 비싼 가격으로 판매하게 될 것이다. 그리고 소비자는 비싼 가격 때문에 해당 가맹점의 제품을 외면하는 악순환에 빠지게 된다.

예비 창업자들이 우량한 브랜드를 찾는 이유는 무엇일까? 파리바게뜨를 예로 살펴보자. 1988년 창립 초기의 크라운베이커리와 고려당, 신라명과가 군웅할거하며 베이커리 시장을 지배하고 있었다. 하지만 어느 사이엔가 그 브랜드들이 전부 쇠락했고, 제과점 브랜드 중에서는 파리바게뜨가 부동의 1위를 차지하며 베이커리 시장을 점유하고 있다. 파리바게뜨는 2018년 기준으로 3,412개 매장을 보유하고 있다.

파리바게뜨는 가맹사업의 핵심인 가맹본부와 가맹점 사업자 사이의 업무가 확실하게 나누어져 있다. 즉, 본부가 복잡한 전 공정을 담당하고 가맹점은 고객 접객에 최선을 다하도록 간단한 후 공정을 담당한다. 제빵 공정 중 반죽 공정은 매우 까다롭고 복잡하다. 맥분이나 우유, 설탕 등을 한꺼번에 넣어 반죽하는 스트레이트법이 있고, 각각의 재료를 따로따로 넣고 반죽하는 스펀지법이 있으며, 빵의 종류별로 전부 다른 레시피로 반죽해야 한다. 그러나 파리바게뜨 본사가 자동화 라인을 통해 급속 냉동으로 생지를 만들어 가

2020년 제과제빵 브랜드 순위

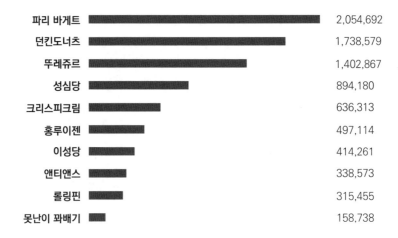

브랜드	수치
파리 바게트	2,054,692
던킨도너츠	1,738,579
뚜레쥬르	1,402,867
성심당	894,180
크리스피크림	636,313
홍루이젠	497,114
이성당	414,261
앤티앤스	338,573
롤링핀	315,455
못난이 꽈배기	158,738

자료: 한국기업평판연구소

* 해당 수치는 제과전문점 브랜드 30개의 빅데이터 9,669,573개를 분석하여 나온 브랜드 평판 지수이다.

맹점에 공급하는 동시에 완제품을 포장하여 가맹점에 공급하기도 한다. 이렇게 하면 가맹점에서 반죽 재료를 일일이 구매할 필요도 없고 적재할 공간도 불필요하며 배합 공정이 없어진 만큼 공간평효율이 넓어지며 기계장치비도 절감할 수 있는 동시에 해당 공정에 투입되는 인력이 없어도 된다.

맥분의 단가도 훨씬 저렴하게 공급받는다. 밀가루 포대로 받아야 하는 개인 제과점과는 달리 벌크 상태로 탱크에 담아 진공상태로 된, 소위 사일로^{SILO}라고 하는 저장탱크에 보관하기 때문에 개인 제과점에 포대로 납품하는 단가와 엄청난 차이가 날 것이다. 단적인 예이지만 이런 부분이 가격 경쟁력에서 개인 제과점이나 다른 프랜차이즈 브랜드보다 훨씬 우위를 점하는 것이다. 실제 지역에서 꽤 인지도가 높은 개인 제과점과의 가격 경쟁에서 절대 뒤떨어지지 않은 이유이다.

프랜차이즈 자영업자가 개별 독립 자영업자보다 인력 의존도가 낮고 면적당 매출액이 높은 이유가 되기도 한다. 이처럼 본사가 복잡하고 시간이 소요되는 앞 공정을 맡아주고 가맹점에서는 간단하게 조리할 수 있는 마지막 공정을 담당하여 적은 인원으로도 매장 운영이 가능하도록 하기 때문에 인건비 절감에도 많은 기여를 한다. 또한 본사가 담당한 복잡한 공정은 주방이나 매장 내 설비투자비를 줄여준다. 편리한데다가 가격 경쟁에서도 뛰어나기 때문에 개인 제과점을 열기보다는 로열티를 주어 마진이 적어지더라도 파리바게뜨를 여는 것이다.

다리미와 세탁기가 없는 세탁소, 크린토피아

세탁편의점 브랜드로 부동의 1위를 지키고 있는 크린토피아는 1992년에 설립된 서비스업종 프랜차이즈 브랜드이다. 당시 집 앞에 있는 세탁소에 와이셔츠 한 벌을 세탁소에 맡기면 깨끗하게 세탁하고 빳빳하게 다리는 비용으로 2,500원을 받았다. 그런데 크린토피아가 생기면서 개인 세탁소가 가격 측면에서 경쟁력을 잃었다. 크린토피아는 겨우 500원을 받았기 때문이다.

이상한 것은 가맹점에 다리미와 세탁기가 없다는 것이다. 그럼 크린토피아에서는 대체 어떻게 세탁을 하고 다림질을 하는 것일까? 답은 간단하다. 가맹본사가 복잡한 공정을 담당하고 가맹점은 단순한 공정을 담당하는 프랜차이즈 방식으로 설계한 것이다. 즉, 가맹본부가 세탁물을 빨고 세척해서 다리는 복잡한 앞 공정을 맡고 가맹점은 이를 받아서 고객에게 전달하는 단순한 마지막 공정을 담당하도록 한 것이다. 가맹본부는 가맹점이 가져다주는 대량의 빨랫감을 받아다 자동화 라인을 통해 세척하고 다린다.

빨래의 공정도 제빵 공정 못지않게 복잡하다. 소재 및 세탁방법에 따라 세탁물을 분류하고, 전처리 공정으로 오염 제거 및 세탁물 손상 보호 후에 소재별 맞춤세탁을 하고 후처리로 오염제거 체크를 하여 소재별 맞춤 건조 자연 건조, 텀블링 건조 등를 거친 후 스팀프레스 또는 손으로 다림질을 하고 나면 공장에서의 마지막 공정인 소재별 맞춤 포장을 하여 가맹점에 공급한다. 이렇게 복잡한 공정을 본사가 담당하기 때문에 가맹점에서는 복잡한 소재별 세탁방법에 대해 전혀 고민하지 않고 세탁물을 매뉴얼대로 분류하여 본사에 보내기만 하면 된다. 고작해야 맡긴 옷이 해지거나 구멍이 나거나 변색된 세탁물이 없는지를 확인하는 것이 전부이다.

크린토피아가 설립 초기부터 와이셔츠 한 벌의 세탁과 다림질 가격을 500원에 공급할 수 있었던 것은 자동화 설비를 구축할 수 있었던 것이 핵심이다. 물론 가격은 수요와 공급이 일치하는 시점에서 형성된다. 적어도 그 당시에 일반 세탁소에서 2,500원을 받았던 시절에는 그렇다. 수요가 많고 공급이 달리면 가격을 올라간다. 또는 투입되는 재료비 등의 원가 상승 요인이 있으면 가격이 올라간다.

필자가 2018년에 스웨덴에 간 적이 있는데 스웨덴은 전반적으로 세탁소 비용이 비싸기로 유명하다. 특히 스웨덴어로 셈트뱃Kemtvätt이라고 부르는 '드라이크리닝' 비용은 혀를 내두를 지경이다. 어지간한 겨울 코트 한 번 세탁하려면 최소 400크로나(원화로 약 5만 2,000원) 수준이다. 좀 고급 소재인 경우는 600크로나(원화 7만 8,000원)가 넘는 경우도 있다. 그래서 스웨덴의 사람들은 드라이크리닝을 해야 하는 옷의 경우 한 계절만 입고 버린다고 할 정도다. 그러니 고급스럽고 비싼 옷이 그들에게는 필요하지 않았을 것이다. 와이셔츠 한 벌을 세탁하면 대략 2만 5,000원 수준(당시 크린토피아 가격은 990원, 한국의 25배 가격)이니 아마도 우리나라에 크린토피아가 설립되지 않았다면 28년 전 2,500원이었던 와이셔츠 한 벌의 세탁 비용도 지금쯤 스웨덴과 비슷한 수준이 되었을지도 모른다.

크린토피아 역시 파리바게뜨 못지않게 점포 수가 많다. 2018년 기준으로 가맹점 2,577개, 직영점 101개로 총 2,681개의 점포가 전국에서 성업 중이다. 이들 점포의 면면을 살펴보면 특이한 점이 있다. 매장이 10평 내외로 그다지 크지 않다. 또한 직원도 점주를 제외하고 1명 정도의 아르바이트가 전부다. 입지 조건도 그다지 좋지 않다. 대형 할인마트의 주차장에서 진입하는 에스컬레이터 입구에 위치한다. 본사의 차량 진입이 어느 정도 가능하면 이면도로나 아파트 상가의 경우 지하나 지상 2층 이상 등의 임차료가 저렴한 곳에 있는 경우가 많다. 특히 상권이 중복되지 않고 어느 정도의 배후 세대가 있다면 얼마든지 창업이 가능하다는 장점을 가지고 있다.

다만 본사 시스템 의존도가 높기 때문에 제주도와 같이 자동화 시설이 구축되지 않은 곳은 아직도 창업이 불가능하다.

최근에 코로나19의 영향으로 비대면 시대가 열리면서 자동코인 세탁도 성업 중이다. 특히 젊은 세대들이 시간에 구애 없이 편리하게 이용할 수 있도록 아파트 상가 단지와 같이 베드타운이 형성되어 있는 아파트단지에 무인으로 운영할 수 있어 매우 빠른 속도로 가맹점이 늘어나고 있다.

앞서 파리바게뜨에서 언급했듯이 가맹본부와 가맹점 간의 역할 분담이 분명했기에 가능했다. 특히 복잡한 공정을 담당하고 있는 본사가 세탁의 모든 공정을 담당함으로써 가맹점에서는 편리하고 간단한 공정만 담당하게 하고 마케팅 측면에서 신규 고객 발굴이나 기존 고객 관리에만 집중하게 만든 것이 매우 주효했다.

크린토피아의 등장은 우리나라의 세탁 비용을 혁신적으로 낮추는 데 일조했다. 그래서 우리는 스웨덴의 가격보다 훨씬 저렴한, 심지어 28년 전 가격에 비해서도 절반 이상이나 저렴한 가격으로 양질의 세탁물을 제공받고 있는 것이다.

이처럼 프랜차이즈는 가격의 혁명과 품질의 혁명을 가져왔다. 물론 크린토피아의 등장으로 개인 세탁소의 쇠락이 있었던 것도 사실이다. 그러나 우리나라 세탁 산업의 도약을 가져온 것을 간과할 수 없다. 2019년 산업통상자원부 자료에 따르면 2017년 말 기준으로 가맹사업 전체의 매출 규모 119조 7천억 원, 국가 경제에서 차지하는 명목 GDP 비중은 전체의 6.9%에 해당하는 국가 기간산업으로 비약적인 성장을 하고 있다. 가맹사업 전체 종사자는 125.6만 명으로 경제 활동 인구 2,775만 명 대비 4.5%에 해당하며 전체 가맹본부 18만 2,000명 중 가맹본부당 47.8명이 근무하고 있다. 가맹점이 1개 생길 때마다 4.4명의 고용을 창출하고 있어 '고용 없는 성장'으로 고민하는 정부의 고민거리를 해결하는 중추적인 역할을 하고 있다.

특히 파리바게뜨처럼 크린토피아도 본부와 가맹점 간의 역할 분담의 잘되어 있어 전문 세탁소와 같은 기술인력의 의존도가 높지 않으며, 노동의 강도가 매우 낮기 때문에 여성이나 고령층의 창업이 가능해 경력 단절 여성이나 정년퇴직자들에게도 각광을 받고 있다. 그래서 프랜차이즈 서비스업종 중 최다 점포를 보유할 수 있었던 것이다.

프랜차이즈란 이와 같이 가맹본부가 보유한 강력한 운영체계가 있어야 하며 가맹점이 편리하게 이용할 수 있도록 끊임없는 고도화 작업을 통해 소비자들에게 가격이나 품질 면에서 사랑받을 수 있도록 각고의 노력을 경주해야 할 것이다.

남다른 운영체계에서
성공을 엿보다

앞서 두 개의 성공한 프랜차이즈 브랜드의 성공 요인을 살펴보면 공통점이 있다. 무엇보다도 가맹점 만족도가 매우 높다는 것이다. 가맹점 만족의 출발점은 ▶고객 만족을 통한 ▶고객충성도 ▶가맹점 수익 증대 ▶가맹점 만족 ▶가맹점 충성도 ▶가맹본부 수익 기여 ▶가맹본부 직원 만족 ▶가맹본부 직원 충성도 ▶가맹점 고객서비스 ▶고객 만족으로 이어지는 사이클을 반복한다. 앞서 언급했던 브랜드들의 공통점은 뛰어난 OS운영체계, Operating System를 보유하고 있다. 우리가 잘 알고 있는 대표적인 OS라고 하면 단연 애플사가 스마트폰에 적용하고 있는 iOS를 예로 들 수 있다. 스티브 잡스Steve Jobs는 자기만의 운영 체제를 확보하고, 혁신기술로 시장을 선도하면서 수많은 애플 팬을 거느리는 화려한 애플 신화를 만들어내고 있다.

OS의 사전적 의미로는 컴퓨터의 하드웨어를 제어하고 응용 소프트웨어를 위한 기반 환경을 제공하여, 사용자가 컴퓨터를 사용할 수 있도록 중재 역할을 해주는 프로그램을 말한다. 좀 더 구체적으로 말하면 데스크탑의 OS프로그램으로 잘 알려져 있는 윈도우가 바로 그것이다. 만일 여러분이 윈도우라는 OS가 없었다면 재미난 게임 프로그램이나 문서 프로그램을 쉽고 편리하게 작동할 수 없었을 것이다.

스마트폰이 오늘날처럼 대중화되기 이전에는 휴대폰 제조업체와 서비스업체마다 운영체제가 달라 개별적으로 응용프로그램을 만들어야 했기 때문에 삼성전자도 독자적으로 '바다'라는 OS의 개발을 시도했지만 실패로 끝나고 말았다. 결국 구글의 개방형 플랫폼인 '안드로이드'를 사용할 수밖에 없었다. 2004년 안드로이드의 앤디 루빈^{Andy Rubin} 부사장이 안드로이드를 처음 만들어 구글에 넘기기에 앞서 M&A를 위해 삼성전자를 방문했었다고 한다. 그는 삼성에 인수를 제의했다가 비싸다는 이유로 거절당한 후 구글에 회사를 팔고 구글의 부사장으로 재직 중인 것으로 알려지고 있다. 삼성전자는 너무나 큰 실책을 한 것이다. 당시 구글은 작은 회사인 안드로이드사를 인수한 다음 '소스 코드'를 모두 공개하는 방식으로 누구라도 이를 이용하여 소프트웨어와 기기를 만들어 판매할 수 있도록 하는 동시에 사용자들에게 풍부하고 통합된 모바일 서비스를 제공함으로써 스마트폰을 제조하는 국가들이 이 안드로이드를 이용함에 따라 거액의 로열티 수입 외에 애플처럼 빅데이터를 이용한 다양한 사업도 전개하고 있다.

프랜차이즈의 OS도 마찬가지다. 각각의 브랜드들은 애플처럼 독자적인 OS가 있거나 구글의 안드로이드처럼 아웃소싱(외주)방식의 OS가 있다. 특히 후발 주자들의 경우 어설프게 직접 구축하는 것보다 전문가들이 구축한 아웃소싱 형태의 OS를 채택하고 있으며, 업력이 오래된 브랜드보다 고도화된 서비스를 제공하는 곳이 매우 많다.

예비창업자들은 프랜차이즈 브랜드들이 보유하고 있는 OS를 반드시 확인하여야 한다. 이는 가맹본사들이 예비창업자들에게 제공하는 정보공개서를 잘 살펴보면 얼마든지 확인할 수 있다. 정보공개서에서 안내한 인접 지역 가맹점을 직접 방문하여 본사가 제공하는 OS를 확인된다. 이때 기초 확인 사항인 수익성이나 안정성 외에 ▶메뉴 종류(숫자) ▶주방기구(자동·반자동 유무) ▶조리방법(편리성) ▶재료 종류(숫자) ▶주문 방법(전산 or 전화) ▶본사직원 방문 주기 ▶본사와 소통(온라인 포함) ▶고객 불만 처리 시스템 등과 같이 주로 매장 운영에 따른 소프트웨어나 하드웨어 등과 같은 시스템의 고도화와 관련해서 본사가 보유한 OS를 어떻게 운영하고 있는지를 확인하면 된다.

시스템 고도화란 창업자들이 자칫 복잡하게 생각할 수 있다. 그렇다면 쉽게 편의점CVS의 시스템을 이해하면 된다. 지금은 없어진 구멍가게의 예가 바로 그것이다. 예를 들어 그다지 자주 구매하지 않은 일회용 면도기를 하나 사려고 구멍가게에 들렀다고 하자. "면도기 있어요?"하고 물으면 가게 주인은 대충 어디쯤을 가리키며 찾아보라 한다. 아무리 찾아봐도 없다. 결국 가게 주인과 함께 한참 만에 구석 어디선가에서 면도기를 찾게 된다. 그런데 힘들게 찾았어도 얼마인지조차 모른다.

동일한 상황이 편의점에서 일어날 경우를 비교해보자. 하루 전에 입사한 아르바이트인데도 판매 제품이 있는 곳을 정확히 알려주고 계산대에서 스캐너로 바코드를 읽어 정확하게 계산한다. 필자가 예비창업자에게 OS가 탑재된 브랜드를 추천하는 이유이기도 하다.

고도화된 시스템이란 가맹점에게 편리성을 제공하는 동시에 가맹점 만족도를 넘어 가맹점의 충성도를 높이게 한다. 하루 전에 입사한 직원이 바로 근무할 수 있도록 체계화되어 있다는 것은 매장에서 많은 업무를 소화해야 하는 가맹점주에게는 매우 중요한 플러스 요소다. 매장에서 고객 컴플레인이 발생했을 때 어떻게 해결, 직원 교육이나 본사가 제공하는 동일한 맛, 서비스, 위생 등을 높은 수준으로 유지하려는 가맹점주로서는 본사가 제공한 고도화된 시스템이 그렇게 고마울 수가 없다.

물론 운영체계가 본부 경쟁력의 전부일 수는 없지만 대부분의 브랜드들이 체계적으로 OS를 잘 갖추고 있다. 또한 업력이 그리 오래되지 않았는데도 오래된 브랜드보다 강력한 시스템을 보유하고 있는 브랜드들이 의외로 많다. 반대로 운영체계가 부실하거나 아예 없는 프랜차이즈 브랜드들이 의외로 많다. 해당 브랜드가 보유하고 있는 OS를 확인하지 않고 가맹점을 열면 얼마 지나지 않아 후회하게 되는 날이 온다. 그러므로 가맹계약 이전에 반드시 영업 중인 점포를 방문하여 본사가 제공하는 OS를 기존 가맹점주에게 꼼꼼하게 확인하고 계약하기 바란다.

정보공개서:
가맹본사 낱낱이 파헤치기

창업상담을 하면서 예비창업자들이 두 부류로 나뉜다는 것을 알게 되었다. 창업만 생각하는 사람과 창업을 위해 생각하는 사람이 있다. 말장난처럼 들리겠지만 이 차이는 바로 목표goal와 목적purpose에 있다. 창업이 목표인 사람은 창업만 하면 끝이라고 생각한다. 이와 달리 창업이 목적인 사람은 지속적으로 목표를 위해 목적을 이뤄 나가는 사람으로 결코 창업이라는 목표점에서 멈추지 않고 경영자로 나아가는 사람이다.

창업은 단발성이지만 경영은 계속 이어지는 일이다. 창업의 모든 과정은 선택과 결정의 무한 순환이라 해도 과언은 아닐 것이다. 그렇기에 창업 준비 또한 경영의 연속선상의 한 과정이며 시작점이다.

나에게 맞는 창업 찾기

창업을 준비하면서 제일 중요한 것은 나에게 맞는 창업을 찾는 것이다. 나에게 맞는 창업을 찾는 것은 첫 단추를 제대로 꿰는 일과 같다. 막상 창업을 준비하다 보면 많은 정보 속에 어떤 선택과 결정을 해야 할지 여간 어려운 일이 아니다. 창업은 남에게 잘 보이거나 인정받기 위해 하는 것이 아니기 때문에 창업자 본인에게 최적화된 창업을 찾아야 한다. 그러기 위해서는 먼저 본인을 객관적으로 들여다봐야 한다.

모두 같은 조건에서 시작한다면 같은 결과물을 낳겠지만, 각기 다른 성향과 경제적 여건, 처한 환경, 개인의 능력 등의 상황이 유동적이므로 창업의 성공은 쉽게 예측할 수 없다. 그래서 창업자의 전체적인 상황이 반영되지 않고 잘되는 브랜드라고 해서 자신의 적성에 맞는지 알아보지도 않고 따라가기식으로 무리하게 창업을 하는 경우는 역효과가 날 수 있다. 예비창업자들 중에는 업종이나 아이템은 충분한 시간을 가지고 조사를 하며 창업을 준비하면서 창업에서 가장 중요한 것이라고도 할 수 있는 독립창업을 할 것인지, 가맹점창업을 할 것인지에 대해 제대로 검토하지 않는다. 이로 인해 결국 창업에 실패하는 경우가 많다.

독립창업을 하자고 생각하니 엄두가 나지 않고, 가맹점창업을 시작하려고 하니 어디서부터 알아봐야 할지 막막할 수 있다. 독립창업과 가맹점창업 중 어떤 창업 방법이 좋다고 이야기할 수 없다. 두 가지 모두 장단점이 있기 때문이다. 중요한 것은 이 두 가지를 비교해서 창업자 자신에게 잘 맞는 쪽을 선택해야 한다는 것이다. 그리고 선택을 하기 위해서는 우선 각 창업 방법에 대해 자세히 알아야만 한다.

독립창업이란?

독립창업은 말 그대로 창업에 필요한 모든 것을 독립적으로 선택하고 결정하는 것이다. 이 방법은 창업의 시작 단계부터 쉽지 않은 것이 현실이다. 독립창업은 창업자가 해당 아이템에 대한 충분한 지식이나 다년간 축적된 노하우가 기본이 되는 창업이라고 할 수 있다.

이는 사업의 성패를 결정지을 수 있는 어떤 요소보다 중요한 부분으로, 아이템에 대해서 경험치도 없고, 아는 바가 없다면 독립창업은 포기하는 것이 낫다. 그래도 프랜차이즈가 자신에게 맞지 않거나 꼭 독립창업을 해야 하는 이유가 있다면 자신이 생각하고 있는 아이템과 관련된 매장에서 일하며 경험을 쌓은 후 창업을 준비하는 것이 좋다. 최소 1년 이상 경험을 쌓으면 어떻게 창업을 해야 할지, 매장의 운영은 어떻게 해야 하는지 알 수 있게 될 것이다.

독립창업은 아이템 구상부터 아이템에 맞는 합리적인 점포를 구하는 것, 인테리어 디자인을 구상하고 시공업체의 견적을 받고, 시공 · 감독을 하는 것까지 모두 본인 스스로 해야 한다. 메뉴를 선정해야 하고, 메뉴별 조리법도 직접 개발하거나 필요에 따라서는 대박집이나 노하우가 있는 분으로부터 전수받아야 한다. 또한 브랜드 이름부터 간판 디자인의 결정, 경제적 여건에 따른 사업의 진행 방향과 속도 등 스스로 모든 것을 분석·판단하고 결정해야 하기 때문에 개인이 혼자 준비하는 것이 녹록지 않다.

반면 독립창업의 경우 창업자가 직접 선택하고 준비하고 결정하는 과정에서 자신의 노하우와 창의적인 부분, 그리고 추진 능력을 마음껏 발휘할 수 있다는 것이 큰 장점이다(때로는 단점이기도 하다). 직접 모든 것을 선택하고 결정해야 하므로 창업을 한 후에도 본인의 운영 능력에 따라 매출에 상당한 차이를 보이는 것 또한 사실이다. 그래서 독립창업의 가장 큰 경쟁력은 창업자의 능력이라고 할 수 있다. 이 능력에는 자본, 노하우, 추진력, 인맥, 열정 등 다양한 요소도 포함된다.

가맹점창업이란?

가맹점창업은 가맹본부가 가맹희망자에게 자신의 브랜드를 사용하도록 하고 이에 대한 대가를 받는 것을 말한다. 가맹본부는 가맹희망자에게 일정한 품질 기준이나 가맹본부가 정한 영업방식에 따라 경영 및 영업 활동을 하게 하고 그를 위한 다양한 지원을 한다.

단, 가맹희망자는 가맹본부가 정한 매뉴얼, 경영 방침 등에 따라야 하고 메뉴나 조리법도 창업자가 마음대로 할 수 없다. 그러나 앞서 설명했던 독립창업에서 점포의 입지 선정과 같은 창업에 필요한 여러 가지 준비사항을 가맹본부가 제시하는 방법으로 진행하기 때문에 창업자에게 노하우나 경험이 없더라도 독립창업보다 수월하게 개점 및 운영을 할 수 있다.

가맹점창업에 적합한 것은 해당 아이템에 대한 전문지식이나 경험이 부족하여 전문가로부터 도움을 받고자 하는 마음이 있고, 규정이나 원칙을 잘 지키고 협조를 잘하는 사람이다. 이런 사람들은 대체로 가맹점을 운영하면서 독단적 행동을 하지 않고 가맹본부의 매뉴얼이나 정책 등을 믿고 운영에만 집중하여 좋은 성과를 내기 때문에 동일성을 중시하는 가맹본부로서도 이런 창업자를 선호한다. 독립창업의 경쟁력이 개인의 역량이라고 한다면, 가맹점창업의 경쟁력은 가맹본부의 역량이 더 우선시 된다고 볼 수 있다.

가맹점창업은 독립창업에서 언급한 창업 준비 및 운영 과정에서 창업자가 직접 알아보고 선택할 사항 등을 가맹본부가 다년간 운영한 경험으로 매뉴얼화하여 창업자에게 제시한다. 따라서, 어떠한 가맹본부 및 가맹사업을 선택하는지가 창업의 성패를 좌우할 만큼 중요하다. 창업자는 가맹본부의 브랜드와 노하우에 대한 대가를 지불하고 그 사업을 진행하기 때문에 부실한 가맹본부를 선택하는 경우 점포의 입지 선정부터 문제가 생길 수 있고, 지속적인 마케팅 관리가 필요할 때 제대로 이루어지지 않아 상품력이 떨어져서 가맹점의 매출에 상당한 영향력을 끼치게 된다.

프랜차이즈라고 해서 가맹본부에서 모든 부분을 알아서 다 하는 것은 아니다. 가맹본부가 잘해야 하는 것도 중요하지만 창업자가 가맹본부에서 정한 영업방침 등에 어긋나게 행동하거나 경영을 태만하게 할 때는 성공을 보장하기 힘들다. 그렇다면 어떤 가맹본부가 좋은 가맹본부일까? 창업희망자는 좋은 가맹본부에 대해 알아보고 그런 가맹본부만 선택하면 되는 거 아닐까.

　우수한 가맹본부는 가맹희망자의 선택을 받지 않고 반대로 가맹희망자를 가맹본부에서 선택한다. 가맹본부의 성장을 위해서는 적합한 가맹희망자를 찾는 것이 최선이라고 생각하기 때문이다. 반면 문제가 있는 가맹본부는 해당 가맹사업에 적합한 가맹희망자를 선택하기보다는 가맹점 유치에만 목적을 두고 가맹점 숫자만 늘리는 것에 집중하기 때문에 이후 가맹점 관리를 하지 않아서 폐점에 이르게 한다.

　우수한 가맹본부를 선택하기 위해서는 객관화된 정보를 확인해야 한다. 그중 최고의 방법은 정보공개서를 보는 것이다. 정보공개서는 가맹본부의 가맹사업을 객관화해서 볼 수 있는 자료로 창업 비용부터 시작해서 가맹본부의 재무구조, 가맹사업 현황, 계약 조건 등 가맹사업을 하기 위한 정보를 모두 담고 있기 때문이다.

정보공개서 제대로 알아보기

　'정보공개서'는 가맹본부의 일반현황, 가맹사업 현황, 가맹점사업자의 연간 평균 매출액, 가맹점사업자가 부담해야 할 비용 등에 대한 사항, 가맹점사업자의 부담, 영업 활동의 조건, 가맹점사업자에 대한 교육·훈련, 가맹계약의 종료·해지 및 갱신 등과 같은 가맹사업에 관한 사항이 담긴 문서를 말한다. 정보공개서에서 가맹희망자가 확인해야 하는 주요 사항은 가맹본부의 재무 상황에서 가맹본부가 최근 3년 동안 가맹사업을 하면서 얼마나 이익을 얻고 있는지, 가맹본부의 매출액, 영업 이익, 당기 순이익은 얼마나 되는지이다.

가맹사업 현황에서는 가맹점 수가 얼마나 있고, 최근 3년 동안 가맹점의 추이를 파악하고 가맹점사업자들의 연간 평균 매출액이 어느 정도인지를 확인하여 가맹본부가 알려준 예상 매출액과 큰 차이가 없는지를 확인해야 한다. 또, 가맹본부의 위법 사실이 없는지 확인하고, 가맹점을 개설하기 위해 어느 정도의 비용을 부담하여야 하는지, 운영 과정에서 추가로 부담해야 하는 비용은 얼마인지, 가맹점 운영 중 필요한 원부재료를 공급받는 방법 등도 확인해야 한다.

가맹사업법에서 가맹희망자는 가맹본부로부터 등록된 정보공개서와 가맹계약서, 인근 가맹점현황문서를 제공받은 날로부터 14일이 지난 후에 가맹본부와 가맹계약을 체결하고 가맹본부에 가맹금을 지급할 수 있다. 이 기간에 가맹희망자는 가맹본부로부터 제공받은 정보공개서를 충분히 검토하고 신중하게 계약을 결정해야 한다.

정보공개서는 가맹본부로부터 직접 제공받을 수도 있지만, 공정거래위원회에서 운영하는 가맹사업거래 홈페이지(franchise.ftc.go.kr)에서 별도의 로그인 없이 확인할 수 있다.

　가맹사업거래 홈페이지에서 열람하거나 내려받은 정보공개서는 대외
공개용 정보공개서로 영업 비밀에 해당할 소지가 있는 내용은 비공개 처리
되어 있어 제공에 대한 효력은 없으나 해당 가맹사업을 판단하는 데 필요한
중요 사항은 대부분 확인할 수 있다. 정보공개서 보기가 되지 않는 영업표지
브랜드는 비공개처리 작업 진행 중으로 약 1달 정도 후에 확인이 가능하다.

　가맹사업거래 홈페이지에서는 항목별로 정보를 비교해볼 수 있다. 다
음의 이미지는 정보공개서 등록연도 2019년 기준으로 외식업 중 치킨업종
으로 선택한 후 비교 항목을 성장성으로 했을 때 매출액 증가율이 높은 순
서대로 확인한 결과다.

또한 가맹사업거래 홈페이지에서는 브랜드별 정보공개서의 열람 및 출력이 가능하기 때문에 가맹본부의 주요 현황을 확인할 수 있으며, 업종별·가맹본부별·브랜드별로 다양한 정보를 비교해 볼 수 있다. 가맹희망자가 알고 싶은 정보만 선택적으로 찾아보면 된다.

선택적으로 보실 수 있는 내용을 살펴보면, 업종별 비교 정보를 통해서 업종개황(가맹본부 수, 브랜드 수, 가맹점 수, 직영점 수), 가맹본부의 변동 현황(가맹본부 증가 수, 신규 등록 가맹본부 수, 등록 취소 가맹본부 수, 가맹본부 평균 영업 기간), 브랜드 변동 현황(브랜드 증가 수, 브랜드 신규 등록 수, 브랜드 소멸 수, 브랜드 평균 영업 기간), 가맹점 변동 현황(가맹점 증가 수, 가맹점 신규 개점 수, 가맹점 폐점 수)을 확인할 수 있다.

가맹본부별 비교 정보를 통해서는 성장성(자산, 매출액. 영업 이익, 총자산 증가율, 매출액 증가율, 영업 이익 증가율), 안정성(자산, 자본, 부채, 부채 비율, 자기자본 비율, 법 위반횟수)확인이 가능하고, 수익성(자본, 매출액, 영업 이익, 당기순이익, 영업 이익률, 매출액, 자기자본 순이익률)를 확인할 수 있다.

브랜드별 비교 정보를 통해 브랜드 개요(가맹 개시일, 가맹 사업연수, 가맹점 수, 가맹본부 임직원 수), 가맹점 현황 정보(가맹점 수, 신규 개점, 계약 종료, 계약 해지, 명의 변경, 가맹점 평균 매출액, 가맹점 면적당 평균 매출액), 가맹점 창업 비용(가입비, 교육비, 보증금, 기타비용, 인테리어비용)의 확인이 가능하다.

폐점률과 가맹점매출액

좋은 프랜차이즈는 폐점률이 낮다. 영업이 잘되는데 폐점할 이유는 없으니까 말이다. 프랜차이즈를 선택할 때 가맹점 수만 보는 경우가 많다. 이는 가맹점 수가 많으면 유명 브랜드이고 성공한 프랜차이즈라고 할 수 있기 때문이다. 하지만 가맹점 수보다 중요한 것이 종료되거나 해지된 가맹점의 비율인 폐점률을 파악하여 가맹본부의 내실을 정확히 확인하는 것이다.

가맹점 수가 많고 가맹점의 평균 매출액이 높아도 폐점률이 높다면 문제가 있는 프랜차이즈이므로 신중하게 검토할 필요가 있다. 폐점률은 가맹점 수 대비 폐점한 가맹점의 수가 얼마나 되는지를 나타내는 비율로 가맹점 수가 100개인데 폐점한 가맹점이 10개(계약 해지 가맹점 수+계약 종료 가맹점 수)인 경우 폐점률이 10%다.

폐점률의 기준은 아이템에 따라서 편차가 있을 수 있으나 폐점률이 5% 미만(가맹점 수가 100개 일 때 계약 종료 또는 해지된 가맹점이 5개 미만)이라면 양호한 프랜차이즈라고 할 수 있다. 폐점률이 5% 미만인 것이 이상적이며, 폐점률이 5%보다 높다면 해당 가맹사업을 선택함에 있어 더욱 신중한 검토가 필요하다. 폐점률이 3% 미만이라면 아주 우수한 프랜차이즈라고 할 수 있다. 가맹사업거래 홈페이지에서 가맹사업별 기본정보에서 아래와 같이 가맹점 현황과 변경 현황을 볼 수 있다. (아래 데이터는 가맹본부에서 등록한 정보공개서의 데이터만을 기준으로 판단하였다.)

위 내용과 같이 ○○설렁탕의 경우 3년간 가맹점 수 합계가 230개이며, 최근 3년간 계약종료 가맹점 수와 계약해지 가맹점 수의 합계가 11개이므로, 폐점률은 5%다.

〈3(2017년 종료 및 해지 가맹점 수) + 5(2018년 종료 및 해지 가맹점 수) + 3(2019년 종료 및 해지 가맹점 수)〉 / 〈64(2017년 가맹점 수) + 74(2018년 가맹점 수) + 92(2019년 가맹점 수)〉

가맹점 및 직영점 현황 (단위: 개)

지역	2019년			2018년			2017년		
	전체	가맹점수	직영점수	전체	가맹점수	직영점수	전체	가맹점수	직영점수
전체	95	92	3	80	74	6	70	64	6
서울	36	34	2	35	31	4	32	28	4
부산	0	0	0	0	0	0	0	0	0
대구	1	1	0	0	0	0	0	0	0
인천	9	9	0	7	7	0	6	6	0
광주	0	0	0	0	0	0	0	0	0
대전	0	0	0	0	0	0	0	0	0
울산	0	0	0	0	0	0	0	0	0
세종	0	0	0	0	0	0	0	0	0
경기	28	27	1	22	21	1	18	17	1
강원	2	2	0	3	3	0	2	2	0
충북	1	1	0	1	1	0	1	1	0
충남	9	9	0	7	6	1	7	6	1
전북	1	1	0	0	0	0	0	0	0
전남	0	0	0	0	0	0	0	0	0
경북	4	4	0	3	3	0	2	2	0
경남	2	2	0	2	2	0	2	2	0
제주	2	2	0	0	0	0	0	0	0

가맹점 변동 현황 (단위: 개)

연도	신규 개점	계약 종료	계약 해지	명의 변경
2019	21	0	3	3
2018	15	0	5	3
2017	9	0	3	2

7번가피자의 최근 3년간 폐점률

연도	연초	신규 개점	계약 종료	계약 해지	명의 변경	연말
2017	136	30	1	0	17	165
2018	165	19	0	3	24	181
2019	181	13	0	9	22	185

아래는 7번가피자 정보공개서에 기재된 최근 3년간의 가맹점 변동 현황이다. 최근 3년간 가맹점 수 합계가 531개이며, 최근 3년간 계약종료 가맹점 수와 계약해지 가맹점 수의 합계가 13개이므로, 폐점률은 2%다.

〈1(2017년 종료 및 해지 가맹점 수) + 3(2018년 종료 및 해지 가맹점 수) + 9(2019년 종료 및 해지 가맹점 수)〉 / 〈165(2017년 가맹점 수) + 181(2018년 가맹점 수) + 185(2019년 가맹점 수)〉

매출액이 높아야 성공한 프랜차이즈다

폐점률 다음으로는 가맹점의 평균 매출액을 확인해야 한다. 많은 프랜차이즈가 높은 매출을 올리고 있다고 광고를 하지만 실제로는 상권이 좋은 가맹점 또는 특수관계인이 운영하는 특정 가맹점의 매출만 높은 경우가 많다. 따라서, 정보공개서를 통해 전체 가맹점의 평균 매출액을 확인하는 것이 매우 중요하다. 또한, 지역별 가맹점 평균 매출액과 최고 매출액, 최저 매출액을 확인하여 향후 가맹희망자가 운영할 지역의 가맹점 예상 매출액을 예측해 봐야 한다. 브랜드별 창업 비용과 평균 매출액을 함께 비교할 수도 있다. 다만, 매출액과 수익액은 다르므로 해당 가맹본부에 수익률에 대해 문의하는 것이 좋다.

가맹사업거래 홈페이지에서 가맹사업별 기본정보에서 아래와 같이 가맹점의 평균 매출액을 확인할 수 있다. 전체 평균 매출액과 면적당 평균 매출액을 확인할 수 있으며 지역별로도 확인할 수 있어 어느 지역이 매출액이 높은지 한눈에 알 수 있다. 2019년 치킨 프랜차이즈 중에서는 교촌치킨의 가맹점 평균 매출액이 가장 높다.

정보공개서 보기를 하면 가맹점의 평균 매출액을 볼 수 있다. 평균 매출액은 약 8억 3,300만 원이며, 최고(상한) 매출액은 약 25억 원, 최하(하한)매출액은 약 2억 6,300만 원이다. 최고 매출액은 해당 가맹점으로 창업했을 때 최고로 올릴 수 있는 매출액이라고 판단할 수 있고, 최저 매출액은 최하로 나올 수 있는 매출액이라고 판단할 수 있다. 면적이라는 변수가 있지만, 홀 중심이 아닌 배달이 많은 매장의 경우에는 면적이 큰 부분을 차지하지 않는다. 오히려 상권이 더 중요한 변수의 요인이라 할 수 있다.

평균 매출액의 매출액과 최하 매출액 금액의 폭이 크거나, 동일 업종과 비교했을 때 월등히 매출액이 낮은 경우 그만큼 가맹본부가 관리를 제대로 하지 않고 있다고 판단할 수 있으며, 가맹점을 창업했을 때 가맹본부의 지원 및 관리가 쉽지 않을 것으로 예상된다. 가맹본부를 고를 때는 최고 매출액이 높은 곳보다 평균 매출액과 최하 매출액이 높은 곳을

교촌치킨 가맹사업자의 2019년 평균 매출액 및 면적(3.3㎡)당 매출액 (단위: 개, 천 원)

지역	2019년		
	가맹점 수	평균 매출액	면적(3.3㎡)당 평균 매출액
전체	1,157	652,690	34,630
서울	188	885,300	44,850
부산	97	475,060	29,890
대구	66	502,690	27,890
인천	54	866,670	32,270
광주	38	644,160	41,270
대전	33	600,420	32,980
울산	38	459,630	26,630
세종	6	855,590	33,920
경기	241	755,990	41,180
강원	47	503,5003	30,490
충북	38	577,800	29,560
충남	48	583,780	34,920
전북	47	604,520	27,900
전남	38	571,500	32,920
경북	62	518,180	29,030
경남	94	483,820	23,280
제주	22	627,480	30,490

선택할 필요가 있다. 가맹점 창업을 하는 이유는 성공하기 위해서도 있지만 실패하는 창업을 하지 않고 안정적으로 영업을 하기를 원하기 때문이다.

이차돌 2019년 평균 매출액

지역	2019년 말 가맹점 수	2019년 가맹점사업자의 연간 평균 매출액						비고
		연간 평균 매출액		연간 평균 매출액 (상한)		연간 평균 매출액 (하한)		
		연간 평균 매출액	면적 3.3m² 당	상한	면적 3.3m² 당	하한	면적 3.3m² 당	
전체	227	833,828	25,042	2,563,957	82,564	262,978	9,713	172곳 대상
서울	32	869,825	23,468	1,839,636	53,753	441,535	12,776	28곳 대상
부산	12	1,157,346	25,846	1,511,491	37,174	737,741	15,030	5곳 대상
대구	4	해당없음	–	–	–	–	–	5곳 미만
인천	11	1,028,743	32,221	2,102,921	51,201	616,476	19,231	7곳 대상
광주	5	646,372	18,074	766,981	21,880	508,697	14,801	5곳 대상
대전	8	689,855	20,469	948,786	29,598	462,808	13,391	7곳 대상
울산	0	해당없음	–	–	–	–	–	–
세종	3	해당없음	–	–	–	–	–	5곳 미만
경기	85	936,210	28,885	2,563,957	82,564	440,306	14,651	60곳 대상
강원	8	해당없음	–	–	–	–	–	6개 이상 운영 5곳 미만
충북	10	786,345	21,927	955,454	29,130	580,847	13,178	5곳 대상
충남	18	810,964	24,035	1,123,502	38,925	556,774	15,022	16곳 대상
전북	11	636,126	17,316	937,646	29,828	383,825	9,713	11곳 대상
전남	10	635,781	21,283	994,572	30,914	262,978	10,097	10곳 대상
경북	2	해당없음	–	–	–	–	–	5곳 미만
경남	5	해당없음	–	–	–	–	–	6개 이상 운영 5곳 미만
제주	3	해당없음	–	–	–	–	–	5곳 미만

가맹점으로 성공하는 법

우수한 가맹본부와 가맹계약을 체결했다면 가맹계약을 준수하고 운영을 잘해야 한다. 중요한 것은 가맹본부와 긴밀한 협력을 유지하고 가맹본부를 지혜롭게 활용하는 것이다. 가맹본부는 많은 가맹점을 관리하고 지원하고 있으므로 어떻게 운영해야 할지를 알고 있다. 그동안의 성공 사례를 적용하면 되는 것이다. 하지만 안타깝게도 여러 가맹점이 가맹본부를 잘 활용하지 못하여 가맹점이지만 독립적으로 경영하는 경우가 많다. 그러면서 가맹본부가 지원해주지 않는다고만 한다.

가맹본부의 경우 한정된 인력이 운영되기 때문에 우호적인 가맹점사업자와 협력하고자 한다. 공동 마케팅에 참여하지 않고 운영도 가맹본부의 매뉴얼대로 하지 않으면서 늘 불만의 목소리만 내는 가맹점에는 적극적인 방문이나 지원을 하지 않으려고 하는 것이다. 가맹점을 하면 보통의 가맹본부는 가맹점 관리 직원인 슈퍼바이저가 최대 주 1회 또는 최소 1개월에 1회 정도 가맹점을 방문하여 점검한다. 일부 슈퍼바이저는 제대로 된 관리가 아니라 안부만 묻는 경우도 있지만, 대부분의 슈퍼바이저는 매뉴얼 준수사항을 확인하고 현 가맹점의 문제점을 개선하고 매출 및 수익을 향상할 수 있는 방안을 가맹점사업자에게 제안하는 등 상생의 길을 가맹점사업자와 함께 모색해 간다.

가맹점의 직원에 대한 교육도 슈퍼바이저를 통해서 진행할 수 있고, 가맹본부로부터 다양한 이벤트 및 마케팅에 대한 지원도 받을 수 있다. 상당

수의 가맹본부가 가맹점 지원에 대한 재량권을 슈퍼바이저에게 주고 있어 가맹점은 슈퍼바이저를 통해 현수막이나 마케팅에 대한 지원이나 물품 등에 대한 지원을 받을 수 있다. 최근에는 배달 매출 향상을 위한 배달앱 마케팅 비용까지 가맹본부의 지원을 받는 경우도 더러 있다.

또한, 가맹점의 월 매출 및 수익에 대한 목표를 세우고 이를 실행하기 위한 방법을 슈퍼바이저와 함께 진행하여 성공한 사례도 심심찮게 찾을 수 있다. 가맹점은 가맹본부에 로열티 등의 비용을 지급하는 것으로 가맹본부의 수익을 발생시키므로 그만큼 가맹본부를 활용하여 매출 등 경영 상황이 향상될 수 있도록 적절한 슈퍼바이저의 활용 및 협력이 중요하다.

마지막으로 알아야 할 것은 가맹본부가 가맹점의 성공을 보장해주지 않는다는 것이다. 가맹점창업을 희망하는 사람 중에는 가맹본부에 대해 제대로 알아보지도 않은 채 가맹본부에 방문하여 상담만 하고 바로 계약을 체결하는 경우가 많다. 이 경우 가맹본부는 우수한 가맹점만을 소개하는 경우가 많으므로, 가맹사업법에서는 가맹계약 체결 전 정보공개서와 가맹계약서 검토 단계인 14일 이전에 인근 가맹점 현황 문서를 함께 제공하여 가맹점사업자가 인근 가맹점을 방문하여 얻은 정보를 근거로 가맹본부의 신뢰성을 판단하도록 하고 있다.

가맹계약 체결 전 가맹을 희망하는 점포 인근 가맹점을 최소 다섯 곳 이상 선정하여 요일을 달리하거나 방문 시간대를 달리하여 직접 가맹점에 방문하여 고객의 내점 현황을 살펴보고, 해당 가맹점의 가맹점사업자와 대화를 하여 세부적인 내용을 파악하는 것이 좋다.

가맹점을 운영하면서 물품 수급 등의 어려움은 없는지, 가맹본부는 신뢰할 수 있는지에 대해 궁금해하는 분들이 종종 있다. 해당 가맹점 창업 시 장·단점 등을 물어보고 종합적으로 판단하여야 합니다. 참고로 가맹점사업자라고 100% 사실만 이야기하지는 않는다. 수익이 높아도 남는 것 없다고 하는 것이 사업이기 때문이다.

그리고, 우수한 가맹본부는 모든 가맹희망자를 받아들여 가맹점을 개점하지 않고 가맹점을 창업하여 성공적으로 운영할 수 있는 자격이 있는 가맹희망자를 선별하여 가맹계약을 체결한다. 가맹희망자가 가맹본부를 평가하듯이 가맹본부 또한 가맹희망자의 적성과 창업 환경, 그리고 창업비용까지 다양한 사항을 확인하고 해당 가맹점을 운영할 수 있는 사람인지를 평가한다는 것이다. 모 피자 프랜차이즈의 경우 가맹점주가 오토바이 운전을 할 수 있어야 하며 나이도 45세 미만 남성으로 정하고 있다. 이렇게 가맹본부는 해당 가맹사업을 운영할 만한 자격을 충분히 갖췄거나 뛰어난 영업력을 발휘할 수 있는지 가맹희망자를 평가한다.

그렇다고 해서 꼭 이런 가맹본부를 선택하라는 것은 아니다. 가맹점창업을 하기 전 가맹본부를 선택할 때 나름의 기준을 정하여 철저히 검토한 후에 가맹계약을 체결해야 한다는 것이다.

'고래처럼 보이는 멸치 떼'라는 아주 말이 있다. 프랜차이즈가 이와 같다고 할 수 있다. 프랜차이즈는 동일한 브랜드와 운영의 통일성을 바탕으로 가맹본부의 관리와 지원을 받으면서 한 마리의 멸치가 떼를 지어 물고기 모양으로 집합체를 이루고, 고래는 아니지만 멀리서 볼 때 고래와 같이 위협을 할 수 있는 힘을 확보하는 것이다. 독립창업을 할 때는 가질 수 없는 힘이 생기게 되는 것이다. 프랜차이즈는 그 힘으로 고객에게 사랑을 받으며 계속 성장해 나간다.

4장

억대 매출 가맹점의 필승 전략

경영 계획을 세워라

경영 계획은 모든 영업 활동의 출발점이다. 계획을 수립하지 않고 영업 활동을 한다는 것은 목적지 없이 날아가는 비행기와 같다. 결국 목적지가 없기 때문에 채워진 연료를 소모하면 추락하는 길밖에는 없다.

그런데 많은 가맹점 사업자들이 그럼에도 불구하고 사업의 규모가 작다는 이유로, 또는 지출과 수익이 뻔하다는 이유만으로 디테일한 경영 계획을 수립하지 않고, 주먹구구식으로 경영을 하는 경우가 많다. 아무리 매출이 적거나 규모가 작은 가맹점이라고 해도 경영상의 결과를 수치화하여 분석하지 않을 경우, 경영 개선이나 성장이 불가능하다는 것을 창업자는 분명히 인지하고 이를 실행에 옮겨야 한다.

따라서 창업자는 점포의 내부 능력(강점, 약점)과 외부 환경(기회, 위협)을 면밀히 분석하고 평가하여 경영 계획을 세우고 이를 실행에 옮겨야 한다. 경영 계획은 말 그대로 점포를 경영하기 위한 세부적인 계획을 세우는 일로써 그것을 실현하기 위해 계획을 실행하는 것이고 평가의 기준이 되며 행동의 지침이 된다. 경영 계획 수립이 창업자에게 주는 의미는 다음 세 가지 측면에서 생각해 볼 수 있다.

첫째, 미래지향성이다. 경영 계획 수립 과정을 통해 영업 활동이 일어나기 전에 창업자가 무엇을 어떻게 할 것인지에 대한 결정을 내려야 한다.

둘째, 합리적인 의사결정이다. 경영 계획 수립은 점포가 달성하고자 하는 목표를 확인하고 이를 달성하기 위해 필요한 모든 활동을 명시하는 의사결정 기능을 포함하고 있다.

셋째, 목표지향성이다. 계획 수립을 통해 설정한 목표를 달성하고, 가장 바람직한 결과를 얻기 위해 필요로 하는 모든 활동에 노력을 기울이도록 하는 역할을 한다.

경영 계획을 수립하기 위해서는 최소 2~3년, 또는 3~6개월의 경영 실적을 분석해야 한다. 경영 실적을 분석한다는 것은 현재 내 점포가 시장에서 또는 상권에서 차지하는 정확한 위치를 파악하는 것을 의미한다. 프랜차이즈의 경우 나와 유사한 상권과 매출을 보이는 곳이 여럿 있을 것이다. 물론 슈퍼바이저가 이 부분에 대해 비교 분석하여 향후 내 가맹점이 어떤 전략을 가지고 나갈 수 있도록 방향을 설정해 주면 좋겠지만, 현실에서는 이렇게 친절한 슈퍼바이저를 만난다는 것은 쉽지 않다.

그리고 창업자(가맹점주)는 독립된 사업자이기 때문에 자기가 하는 사업에 대한 분석과 계획을 자신이 세우는 것은 당연하다고 생각해야 한다. 프랜차이즈 가맹점이라고 본부에서 모든 것을 다 해줄 것이라고 생각하는 것은 망하는 지름길이다.

경영 실적을 구성하는 요소로는 매출액, 원가, 인건비, 임대료, 각종 수수료, 마케팅 비용 등 다양한 요소가 있다. 이 중에서 고정비와 변동비로 나눌 수가 있지만, 대부분은 고정비로서 매출 여부에 관계없이 지출되는 비용이다. 따라서 경영 계획을 수립할 때는 매출을 어떻게 합리적으로 책정하고, 매출 대비 비용을 낮출 수 있느냐가 관건이다.

경영 계획을 세울 때 가장 먼저 생각해야 할 것은 매출 계획이다. 매출에 따라서 각종 비용의 투입이 달라지기 때문이다. 매출 계획을 세울 때는 두 가지를 생각해야 한다. 바로 객수와 객단가이다. 아주 단순한 내용이긴 하지만, 이 부분을 중요하게 생각하지 않는 사람들이 많다. 대부분의 창업자는 오늘의 매출이 얼마인지, 얼마나 매출이 상승했는지, 떨어졌는지에 대한 관심만 있을 뿐이다. 이런 생각으로는 합리적인 경영 계획은 물론이고 매출을 올릴 수 있는 전략 또한 세울 수가 없다. 매출을 구성하는 객수와 객단가에 대해 정확하게 인지하고 객수 추이와 객단가 추이를 종합적으로 판단해야만 매출 분석이 가능하다.

다음의 표는 경영 계획 수립 시 금년도 실적을 바탕으로 내년 고객수와 객단가를 예상한 자료이다. 이처럼 매출 예상표를 만들면 경영 계획을

20X1년 VS 20X2년 매출 예상

X1년 실적	1월	2월	3월	4월	5월	6월	7월	8월	9월	10월	11월	12월	합계
영업 일수	31	28	31	30	31	30	31	31	30	31	30	31	365
좌석 수	250	250	250	250	250	250	250	250	250	250	250	250	250
고객 수	11,455	10,938	9,536	8,449	9,098	8,270	9,545	12,169	9,190	10,239	10,339	12,529	121,757
회전율	1.48	1.56	1.23	1.13	1.17	1.10	1.23	1.57	1.23	1.32	1.38	1.62	1.33
객단가	21,211	21,326	20,868	20,632	21,364	21,082	20,696	20,679	21,156	21,045	10,569	21,387	21,009
매출액	242,964	233,261	199,006	174,322	194,378	174,340	197,552	251,649	194,414	215,479	212,659	267,948	2,557,972

X2년 실적	1월	2월	3월	4월	5월	6월	7월	8월	9월	10월	11월	12월	합계
영업 일수	31	28	31	30	31	30	31	31	30	31	30	31	365
좌석 수	250	250	250	250	250	250	250	250	250	250	250	250	250
고객 수	13,652	14,016	11,021	10,147	12,501	10,095	11,525	14,444	11,332	11,056	11,791	11,973	143,551
회전율	1.76	2.00	1.42	1.35	1.61	1.35	1.49	1.86	1.51	1.43	1.57	1.54	1.57
객단가	21,948	21,893	22,300	22,300	22,400	22,710	22,400	22,200	22,418	22,400	22,000	22,400	22,263
매출액	299,633	306,843	245,758	226,279	280,014	229,249	258,154	320,665	254,037	247,655	259,397	268,196	3,195,879
전년 대비 객수	119.2%	128.1%	115.6%	120.1%	137.4%	122.1%	120.7%	118.7%	123.3%	108.0%	114.0%	95.6%	117.9%
전년 대비 객단가	103.5%	102.7%	106.9%	108.1%	104.8%	107.7%	108.2%	107.4%	106.0%	106.4%	107.0%	104.7%	106.0%

수립하는 데 많은 도움이 될 것이다.

객수와 객단가 예측을 통해 매출 계획이 작성이 되면 다음으로 해야 할 것이 바로 비용에 대한 산출이다. 경영 계획을 구성하는 요소를 보면 매출액, 원가, 인건비, 임대료, 각종 수수료, 마케팅 비용 등 다양한 구성 요소가 있다. 따라서 경영 계획을 수립할 때는 매출을 어떻게 합리적으로 책정하고, 매출 대비 비용을 낮출 수 있느냐가 관건이 될 것이다.

대표적인 변동비로서 원가가 있는데, 이는 프랜차이즈 본부에서 설계한 매뉴얼을 철저히 지켜 표준 원가를 반드시 지켜야 한다. 똑같은 브랜드임에도 불구하고 맛이 다르다는 고객의 의견이 많은 이유는 바로 표준 매뉴얼을 지키지 않기 때문이다. 표준 매뉴얼을 지키지 않는 주요한 이유가 바로 원재료비를 절감하기 위한 활동이 대부분이다. 정상적으로 본부와 사전 협의 등의 프로세스를 거치지 않고 임의로 매뉴얼을 변경하거나, 오퍼레이션을 변경하여 프랜차이즈의 본질에 벗어나는 일이 많으므로 꼭 표준 매뉴얼과 표준 원가를 준수해야 한다.

경영 계획에서 매출에 대한 예측을 하고 나면, 이제 추정 손익계산서를 작성할 필요가 있다. 손익계산서Profit & Loss Statement는 일정 기간 동안 가맹점의 경영 성과를 나타내는 지표다. 즉 가맹점의 한 달 또는 분기, 일 년 등 일정 기간 동안 얼마나 손익이 발생하였는지 정확하게 계산할 수 있고, 그 손익이 경영의 어떤 활동에서 발생하였는지를 쉽게 파악할 수 있다.

손익계산서 작성으로 경영의 어떤 부분에서 유용하게 사용할 수 있는지를 보면 아래와 같다.

- · 가맹점의 경영성과 결과를 측정할 수 있는 정보를 제공한다.
- · 가맹점의 이익력 판단과 미래의 순이익 흐름에 관한 정보를 제공한다.
- · 가맹점의 경영 계획이나 정책을 수립하기 위한 중요한 정보제공을 한다.
- · 경영 분석을 위한 정보를 제공한다.
- · 경영자의 경영능력이나 업적을 평가하기 위한 정보를 제공한다.
- · 수익 및 비용의 발생 원천에 대한 정보 및 과세소득의 기초 자료를 제공한다.

따라서 손익계산서는 가급적이면 매월 마감과 동시에 작성하여 전월과 전년을 함께 비교하는 것이 바람직하다. 손익계산서를 통해 일정 기간 동안 내 사업장의 성적표를 받아봄으로써 객수와 객단가 추이는 물론이고, 원가의 변화를 통해 표준 매뉴얼을 준수하고 있는지, 재료의 손실은 어느 정도인지를 파악할 수 있다. 그리고 인건비 및 소모품, 마케팅 비용 등 어느 비용 항목이 지출이 많은지, 줄일 수 있는 비용은 무엇인지를 디테일하게 파악할 수 있고 이를 개선할 수 있다.

아래 표는 점포에서 영업활동으로 인한 매출과 비용만을 표기한 간단한 손익계산서이다. 경영자라면 최소한 영업 활동으로 인한 손익 정도는 반드시 확인할 필요가 있다.

매출 손익계산서

구분	20X1년 실적	비율	20X2년 목표	비율
객수	220,951	-	240,000	-
객단가	22,212	-	23,800	-
매출	4,907,764	-	5,712,000	-
원재료비	2,024,981	41.5%	2,313,360	40.5%
매출이익	2,882,783	58.7%	3,398,640	59.5%
인건비	1,053,628	21.5%	1,170,000	20.5%
수도광열비	137,209	2.8%	170,000	3.0%
소모품비	119,250	2.4%	125,000	2.2%
판매수수료	111,400	2.3%	131,376	2.3%
도급수수료	53,807	1.1%	60,000	1.1%
점포관리이익	1,324,340	27.0%	1,656,464	29.0%

전략을 세우자

가맹점에서 구체적인 경영 전략을 세우는 방법으로는 고객 관리, 인력 관리, 경영 수치 관리, 매출액 관리, 상품 관리, 점포 시설 및 설비 관리, 마케팅 등이 있다. 고객 관리를 통해 기존 고객의 재방문 횟수를 증가시키고 방문 주기를 단축시키는 활동을 해야 하고, 지속적으로 증가되고 있는 인건비를 효율적으로 집행하기 위해 노동생산성을 높여야 한다.

철저한 객수 예측을 통해 적절한 노동시간을 투입하고, 직원의 업무 능력 향상을 위한 끊임없는 교육을 실행하고 피드백해야 한다. 또한 매출액을 증가시키기 위하여 어떻게 하면 고객 수를 증대시킬 것인지, 그리고 객단가를 향상시키기 위한 방안은 무엇인지에 대해 고민해야 한다.

기존의 상품을 분석하여 분류된 상품별로 가맹점에 이익을 가져다주는지, 아니면 손해를 가져다주는지를 파악하고, 그에 따른 전략을 세워야 한다. 그리고 점포의 내·외부 시설이나 설비의 노후화에 따라 적절하게 보수유지 해야 하고, 필요한 경우 리뉴얼을 통하여 진부한 이미지를 해소하고 고객들에게 새로운 모습으로 다가서야 한다. 지속적인 신규 고객 창출과 가맹점 인지도 증대를 위해 본부와 협의를 하여 끊임없이 마케팅 활동을 해야 하는 것도 잊어서는 안 된다.

이처럼 가맹점을 경영한다는 것은 무수히 많은 경영의 포인트를 경영자가 직접 확인하고 체크하고 실행해야 한다. 어느 누구도 내 일을 대신 해주지 않는다. 그중에서도 경영자가 책임지고 해야 할 가장 중요한 것은 매출을 증가시키고, 노동 시간을 관리하여 합리적인 인건비를 집행하는 것이다.

1) 매출 증대 전략

매출을 증대시키기 위한 전략은 3가지로 나눌 수 있다. 객수의 증대와 객단가 상승, 그리고 좌석 회전율의 증대이다.

(1) 객수의 증대

고객 수를 증가시키는 데는 기존 고객의 방문 횟수와 방문 주기를 높이거나 신규고객을 창출하는 것이다. 그리고 최근 대외적인 환경 변화로 인한 배달수요의 급증으로 점포 내에서의 객수 증가와 더불어 배달앱에서 주문 횟수를 증대시켜야 매출이 증대될 수 있다.

오프라인 점포에서 고객의 방문 횟수와 방문 주기를 높이기 위한 가장 확실한 방법은 기존 고객의 만족도를 높이는 것이다. 신규 고객을 창출하기 위해서는 기존 고객의 유지 비용보다 5~7배 정도의 많은 비용과 시간, 노력이 필요하다는 연구결과가 일반화되어 있다. 따라서 기존 고객을 만족시켜 재방문이나 방문주기를 단축하고, 기존 고객을 통하여 신규 고객을 유입하는 것이 가장 바람직할 것이다.

요즘처럼 상품과 서비스에서 차별화하기 쉽지 않은 상황에서 기존 고객의 재방문을 유도하기 위한 최적의 방법은 바로 구독서비스를 확장시키는 것이다. 프랜차이즈 산업에서도 구독서비스는 높은 성장률과 더불어 시장 규모 또한 빠르게 증가하고 있다. 구독 서비스를 통해 안정적인 수익을 확보할 수 있고, 동일 상권 내 경쟁점들과 영업방식 및 마케팅 면에서 차별화를 줄 수 있다.

고객들이 구독서비스를 이용하는 이유는 새로운 시도에 대한 흥미와 재미라는 요소가 있고, 가성비가 뛰어나며 자신의 활동 반경에 많은 구독서비스가 존재해 접근성이 낮기 때문이다. 이제 고객은 소유의 시대에서 공유의 시대로 접어들고 있다. 물건의 소유보다는 경험을 더욱 중요시하고, 항상 새로운 것을 탐험하여 흥미와 재미를 느끼고 싶어 한다. 이러한 소비 트랜드에 잘 맞는 것이 구독서비스이다. 따라서 오프라인 점포에서 객수를 증대시키기 위한 방법 중 하나가 구독 서비스라는 것에 관심을 가질 필요가 있다.

배달앱에서의 주문을 증가시키는 방법은 마케팅 비용을 많이 투입하여 앱 상단에 자신의 점포를 노출하는 방법이 가장 좋을 것이다. 물론 그에 따른 비용 또한 비례해서 투입을 해야 한다. 하지만, 최소한의 비용으로 주문을 증가시키는 방법이 가맹점을 운영하는 경영자 입장에서는 가장 좋은 방법일 것이다.

고객 입장에서 생각해보면 그렇게 어려운 방법은 아니다. 내가 고객이라고 생각해보고, 주문할 경우 상단에 올라와 있다고 해당 브랜드와 메뉴를 클릭하지는 않을 것이다. 물론 확률은 높을 수 있다. 이와 같은 확률을 극복하는 것이 바로 주문 리뷰를 작성하는 것이다. 그러므로 오프라인 고객 못지않게 정성을 다해 온라인 고객과 소통하는 것이 중요하다.

최근에는 리뷰를 더욱 강화하기 위해 손편지까지 작성하여 동봉하는 경우가 있는데, 이렇게까지는 못하더라도 고객이 올린 리뷰 하나에 감사의 표현은 물론이고, 불편했던 부분에 대해서는 구체적으로 어떻게 개선할지에 대하여 정성을 다해 리뷰를 작성해야 한다. 매일 매일 최소한 하루에 30분에서 1시간씩은 배달앱에 시간을 투자하여 마케팅을 해야 한다. 이것을 추가로 하는 활동이라고 여기지 말고, 반드시 해야 하는 일이라고 생각하고 실천해야 한다.

(2) 객단가 상승

객단가를 상승시키기 위해서는 고객이 높은 비용을 지불하더라도 비용 대비 충분히 가치를 느낄 수 있도록 해야 한다. 객단가를 상승시키기 위해서는 기존의 상품 가격에 추가로 타 메뉴를 주문하도록 한다거나 주문한 메뉴를 좀 더 높은 가격의 메뉴로 변경하도록 권유하는 방법 등이 있다.

객단가를 상승시키기 위한 것으로 가장 많이 사용되고 있는 방법이 바로 권유 판매이다. 권유 판매는 매출을 증대시키고 고객서비스를 향상시키며, 직원들의 세일즈 스킬을 높여 궁극적으로는 고객만족도를 높이게 된다. 권유 판매에는 세 가지 방법이 있는데 업세일링up-selling, 크로스세일링cross-selling, 번들링bundling이 있다.

업세일링up-selling은 고객이 주문한 메뉴를 같은 카테고리에서 좀 더 좋은 고품질의 메뉴를 추천하거나 고객이 메뉴를 결정하지 못하고 있을 때 고객에게 맞는 메뉴를 추천하는 것을 말한다.

크로스세일링cross-selling은 고객이 주문한 메뉴를 다른 메뉴로 바꾸어서 추천하는 방법으로서 주문한 메뉴와 금액 차이가 많이 나지 않는 메뉴를 추천함으로써 고객에게 차이나는 금액 이상의 가치가 있다는 것을 강조하는 방법이다.

번들링bundling은 고객이 주문한 메뉴 외에 다른 메뉴를 추가로 추천하는 것을 말하는데, 예를 들어 스테이크를 주문했을 때 와인이나 음료를 추천하는 것을 말한다.

이와 같은 권유 판매를 할 때는 권유하고자 하는 상품에 대하여 정확하게 알고 있어야 하며, 고객의 객층이나 방문 성격에 따라 달라져야 한다. 예를 들어 단골고객인 경우 고객이 선호하는 메뉴군을 추천하거나 같은 메뉴군에서 한 단계 업그레이드된 메뉴를 추천하는 것이 좋고, 가족이 방문한 경우에는 아이들이 좋아하는 것으로 권유하는 것이 좋다. 아이를 동반하지 않은 성인들에게는 메뉴 결정권이 대부분 여성에게 있으므로 여성 고객에게 권유 판매를 하고, 건강식이나 다이어트, 부드러움을 강조한 메뉴가 추천하기에 좋다. 비즈니스모임이나 직장 모임일 경우에는 세트메뉴를 권유하고 그와 더불어 와인이나 기타 주류를 추천한다.

메뉴를 추천할 때는 메뉴의 색감이나 맛을 다양하게 표현하고 표정과 긍정적인 어휘를 사용하는 것이 좋다. 예를 들어 '씹을수록 고소한 맛~', '육질이 부드러워 입안에서 살살 녹는~', '달콤함과 고소함이 일품인~', '가슴속까지 시원한~' 등과 같은 표현은 권유 판매 시 확률을 높일 수 있다. 이러한 권유 판매를 통하여 점포의 매출이 증대되었을 경우 직원에게 그에 따른 보상을 충분히 해주어야 한다.

(3) 좌석 회전율 증대

가맹점의 매출을 증대시키기 위한 또 하나의 방안으로는 좌석 회전율을 증대시켜 최대한 많은 고객을 확보하는 것이다. 여러 산업에서 1년을 주기로 수요와 공급의 변화에 따라 비수기와 성수기로 나눌 수 있다. 프랜차이즈 가맹점의 경우에도 마찬가지로 비수기와 성수기가 있고, 그중에서도 고객이 집중되는 피크타임peak time과 반대로 고객의 입점이 뜸한 아이들타임idle time으로 나뉠 수 있다.

특히 피크타임 때는 고객이 좌석 수보다 더 많이 방문하기 때문에 대기 고객이 발생할 수밖에 없다. 대기 시간이 길어지면 고객은 다른 곳으로 이동하기 때문에 그 전에 좌석을 확보하여 대기 시간을 최소화하고 서비스를 제공해야지만 매출을 극대화할 수 있다.

오프라인 점포의 회전율을 높이는 방법에는 3가지 정도가 있다. 점포를 설계할 때부터 가급적이면 실내 면적을 좁게 하는 것이다. 실내 면적이 좁으면 당연히 좌석 수가 많지 않을 것이고, 피크타임 때 고객이 몰리게 되면 자연스럽게 웨이팅이 발생하게 된다. 가게 앞에 줄을 선다는 것은 다른 고객 입장에서는 줄을 서서 먹을 정도로 인기가 있는 점포라는 인식을 가지게 될 것이다. 이러한 인식은 웨이팅 시간이 길어지게 되면 점포 내 이용 고객 또한 좌석에 오래 앉아 있지 않고 테이블 간격도 줄일 수 있으며, 심지어 합석도 가능하게 된다. 따라서 객수를 증대시키고 매출을 상승시키기 위한 방법 중 하나인 좌석 회전율을 증대시키는 방법에 대해서도 깊이 생각하고 실천할 필요가 있을 것이다.

이외에도 좌석의 만석율을 최대로 끌어 올리는 방법도 있다. 좌석 만석율이란 4인 테이블에 일행 4명의 고객이 착석할 경우 100%이지만, 3명의 고객이 착석하면 75%, 2명의 고객이 착석하면 50%가 된다. 따라서 좌석 만석율을 높여 고객 수를 최대한 확보하는 것이 피크타임 때는 중요한 컨트롤 요소가 된다. 좌석 만석율을 높이기 위한 방안으로는 다음과 같다.

① 테이블을 1인석, 2인석, 4인석 등 다양화한다.

② 대기 고객에게 사전주문으로 주문 시간을 단축한다.

③ 고객 퇴점 시 신속하게 테이블을 정리한다.

④ 특정일에 이벤트 메뉴를 통해 메뉴의 가짓수를 단순화시킨다.

⑤ 요리제공을 신속히 하여 식사시간을 단축시킨다.

⑥ 품질에 영향이 없는 한 전처리를 강화하여 조리시간을 단축시킨다.

⑦ 식사시간을 제한하는 이벤트를 실시한다.

⑧ 객장 내부에 숨은 공간dead space을 적극 활용한다.

⑨ 예약을 최소화한다.

⑩ 식사 후 결제를 최대한 빠르게 한다.

체크리스트를 통한 QSC를 관리하자

고객만족도에 가장 많은 영향을 미치고, 점포의 매출과 손익에 직결되는 것이 바로 QSCQuality, Service, Cleanliness이다. 기술이 발달하고, 새로운 콘셉트와 유통 구조의 변화가 있더라도 외식과 프랜차이즈와 같은 서비스업의 본질인 QSC는 변함이 없을 것이다. 따라서 사업을 하는 가맹점주라면 QSC 관리를 사업의 1순위로 생각하고 실행해야 한다.

QSC를 관리할 때는 눈으로만 하지 말고, 반드시 체크리스트를 활용하여 체크를 해야지만 문제점을 파악하고 개선하고, 이것을 데이터화할 수 있다. 데이터화한다는 것은 매출을 견인하는 여러 요인들과 상관관계를 분석할 수 있고, 전략을 세울 수 있고, 내부 구성원들과 정확한 커뮤니케이션을 할 수 있다.

품질 관리는 프랜차이즈 본부의 R&D나 메뉴개발 부서에서 기획하고 개발된 상품에 대하여 가맹점이 이것을 제대로 구현할 수 있는지를 확인하고 개선하는 것을 말한다. 즉 식자재의 검수나 보관을 기준에 맞게 제대로 관리하고 있는지, 메뉴를 조리할 때 식자재의 양이나 조리순서 등은 매뉴얼에 입각하여 운영이 되는지 등을 확인한다. 또한 입고되는 식자재의 품질 이상 유무를 확인하고 직원들이 작업하는 데 있어 문제는 없는지, 고객들로부터의 불만 사항은 어떤 것이 있는지를 파악하는 활동이다.

서비스 관리란 고객이 입점에서부터 퇴점까지 각 단계별 서비스를 잘 준수하고, 불만 없이 좋은 경험을 할 수 있도록 관리하는 것을 말한다. 외식 프랜차이즈 가맹점의 서비스 단계를 예를 들면, 먼저 고객이 출입문을 열고 입점했을 때 안내를 담당한 직원은 고객을 반갑게 맞이하고, 좌석까지 안내한다. 그런 다음 물이나 음료를 서비스하고, 메뉴북을 건네주며 주문을 받고, 주문을 잘 받았는지 확인한다. 그리고 주방에서 주문한 요리가 나오면 테이블로 제공해주고, 중간중간에 맛과 서비스는 어떤지 중간 점검을 하며, 식사 후 캐셔를 통해 계산을 하고 퇴점하는 고객을 마중한다. 이런 일련의 과정에서 고객의 불편함 없이 제대로 서비스를 하고, 더 좋은 서비스 방안은 없는지를 연구하고 개선하는 것이 서비스 관리다.

청결 관리란 점포의 외관에서부터 고객의 동선과 시선이 직접 닿는 곳을 청결하게 관리하는 것을 말한다. 또한 고객이 사용하는 집기나 접시, 메뉴북, 테이블 위에 놓여 있는 각종 소도구나 프로모션용 테이블 텐트 등 점포 내·외부의 모든 것을 청결하게 관리되고 있고, 정리정돈 되어 있는지를 확인하고 개선하는 것이 청결 관리다.

이와 같은 QSC 관리는 가맹점주나 슈퍼바이저의 경험과 능력에 따라 측정하고 평가하는 것이 아니라, 객관적이고 프랜차이즈 시스템이 추구하고자 하는 통일적인 이미지를 형성할 수 있도록 동일한 척도를 가지고 체크를 해야 한다. QSC 체크리스트는 업종과 업태, 브랜드 콘셉트 등의 특성에 따라 형식과 내용에 차이가 있을 수 있다. 체크리스트는 단순히 체크를 하기 위한 도구가 아니라 가맹점의 수준을 높이고 고객의 만족을 극대화하기 위한 것이라는 생각으로 실천하고 개선해야 한다.

QSC 체크리스는 다양하다. 오픈 체크리스트, 폐점 체크리스트, 위생 체크리스트, 안전 체크리스트, 로스 체크리스트, 유통기한 체크리스트, 온도 체크리스트 등 여러 체크리스트가 있는데, 각각의 체크리스트별로 가맹점 영업 상황에 맞게 주기를 정하여 체크를 해야 한다. 이 중에서도 가장 중요한 체크리스트가 바로 유통기한 체크리스트와 온도 체크리스트라고 할 수 있다.

1) 유통기한 체크리스트

식자재의 유통기한 경과는 행정처분의 대상이 되며, 보관 위반 시 영업정지 15일, 사용하여 판매할 경우 영업정지 한 달의 행정처분을 받게 된다. 유통기한 경과로 적발된 사례의 대부분은 불과 1~2일 또는 몇 시간의 유통기한이 지난 원재료가 가장 많다. 이런 문제점을 사전에 차단하기 위해서는 체크리스트를 활용하여 1일 1회 이상 체크를 하고, 내부 구성원 중 한 사람을 지정하여 크로스 체크를 통해 미처 발견하거나 인지하지 못한 것을 체크해야 안전한 원재료 관리가 될 수 있다. 아래는 유통기한 체크리스트 양식으로 각 사업장에 맞게 수정하여 사용할 수 있다.

유통기한 단기식재 체크리스트

구분		유통기한	/			/			/		
			유통기한	수량	사용여부	유통기한	수량	사용여부	유통기한	수량	사용여부
육류	채끝227g	냉장표기일까지									
	프라임채끝 250g	냉장표기일까지									
	안심 170g	냉장표기일까지									
	안심프라임 200g	냉장표기일까지									
	립아이 240g	냉장표기일까지									
유제품	우유(2.3L)	냉장표기일까지									
	플레인 요구르트	냉장표기일까지									
	샤워크림	냉장표기일까지									
	생크림	냉장표기일까지									

*범례: 제품별 유통기한, 수량 표시 / 재고가 없는 경우는 유통기한란에 '없음' 표시

2) 온도 체크리스트

외식프랜차이즈 가맹점에서 온도 체크는 하루 일과 중 꼭 지켜야 할 사항 중 하나이다. 가맹점에서 메뉴의 맛을 결정하는 요소가 두 가지가 있는데 온도와 시간이다. 식자재를 신선하게 유지하기 위한 온도와 조리 시 화기의 온도, 그리고 매뉴얼에 근거한 적절한 조리 시간이다. 따라서 그만큼 가맹점 온도 관리는 메뉴의 품질과 직결된다는 것을 인지하고 체크리스트를 통해 관리, 운영되어야 한다.

온도 체크는 오픈 시 체크를 하여 전날 냉장고, 냉동고의 이상 유무를 확인해야 한다. 냉장고마다 외부에 부착되어 있는 온도표시계가 있

온도 체크리스트

냉장·냉동고 온도 체크			날짜							
NO	설비명	기준 온도	/	/	/	/	/	/	/	/
1	냉장고	0~5℃								
2	냉동고	-18℃ 이하								
3	온장고	65~70℃								
4	배송차량	냉장/냉동								
5										
6										
7										
8										
9										
10										
	체크자									

지만, 정확한 온도 체크를 위해 냉장 또는 냉동고 내부에 온도계를 설치하여 체크를 해야지만 정확한 온도 체크가 가능하다. 온도 체크 시 이상이 발생할 경우가 있는데 대부분은 설정 온도가 잘못되었거나, 문이 열린 상태로 오래 방치되는 경우, 내부에 적재물이 과도한 경우, 제상 상태이거나 서리가 많이 발생된 경우이다. 따라서 문제점이 발생할 경우 즉시 해결을 하고, 1~2시간 이후 설정한 온도로 유지되는지 체크해야 한다.

효과적인 마케팅 실행

최근의 마케팅 트렌드는 배달앱과 SNS, 포털사이트 등 온라인과 모바일 마케팅이 대부분을 차지하고 있다. SNS마케팅은 많은 부분에 장점이 있다. 적은 예산으로 고객과 직접적인 소통이 가능하다는 것과 확산의 속도가 빠르다는 것이다. 이런 장점에도 불구하고 마케팅의 효과를 제대로 보지 못하는 경우 사업자 입장에서 일방적으로 맛과 서비스만을 강조하거나, 유사 업종과 차별화되지 않은 메시지를 올리거나, 게시물을 정기적이고 지속적으로 업로드하지 않는 데 있다.

따라서 오프라인 마케팅이든 모바일, 온라인마케팅이든 마케팅을 하려고 하는 이유와 마케팅 비용, 마케팅 목표가 정확해야지만 효과적이고 효율적인 마케팅을 할 수 있다.

1) 점포 현황 분석

마케팅을 하기 위해서는 다음의 사항을 먼저 확인해야 한다. 가맹점의 현황과 분석을 통해 가맹점의 객수는 왜 하락하고 있는지, 주위의 상권변화는 어떻게 변화되고 있는지, 객단가의 하락 원인은 무엇인지, 고객 서비스는 불편한 것이 없는지와 같이 가맹점의 현황에 대한 자료를 수집하고 분석해야 한다. 아래는 매출 분석에 관한 최소한의 조사항목이다.

분석 대상	조사 항목
총매출	전년과 최근 3개월 대비 매출 추이
	목표 대비 매출 실적
	상권 내 경쟁점 대비 비교
	전반적인 평가
	매출 변화의 원인
고객 수	전년과 최근 3개월 대비 고객 수 추이
	상권 내 경쟁점 대비 비교
시간대별 매출	시간대별 매출 추이
	전체 매출 중 시간대별 매출 비중
	상권 내 경쟁점 대비 비교
	매출 변화의 원인

2) 문제점과 기회 확인

가맹점의 현황 분석에서 정리된 내부 자료와 동일 상권 내 경쟁점 자료를 분석하여 매출을 증대시킬 수 있는 기회 요인과 매출 증대에 방해가 되는 외부 문제점을 도출해 낸다. 기회 요인을 분석할 때는 해당 기회 요인이 내가 활용할 수 있는 가능성이 어느 정도이며, 사업적으로 가치가 어느 정도인지를 파악한 후 가장 활용 가능성과 가치가 높은 요소를 선택해야 한다.

또한 매출 증대에 방해가 되는 요인을 분석할 때는 실제 발생하는 확률이 어느 정도이고, 사업적으로 얼마나 심각한지를 비교하여 가장 높은 순위별로 확인하고 대응 계획을 세워야 한다.

3) 마케팅 목표 설정

마케팅의 목표 설정은 가맹점 내·외부 환경을 분석한 결과를 토대로 다양하게 나타날 수 있는데 객수를 증가시킨다거나, 객단가 상승, 테이블 단가 상승, 요리 제공 시간의 단축, 고객 방문 주기 단축, 신규 고객 창출 등 구체적인 목표를 수립한다. 목표를 수립할 때는 5가지를 요소를 모두 충족시켜야 한다. 구체적일 것, 측정 가능할 것, 현실적일 것, 기한을 정할 것, 공격적일 것이다.

아래의 표는 마케팅 설계 시 할인쿠폰을 제작하여 배포한 사례에 대한 예상 효과 분석표이다. 아래 표를 참고하여 마케팅 툴에 적합하게 활용하면 된다.

	마케팅 비용 및 손익 분기	금액	비고
A	마케팅 기간		
B	제작/판촉물 비용		
C	배포/광고비용, 인건비		
D	기타비용		
E	총비용(B+C+D)		
F	손익 분기 매출 증가		
G	평균 객단가		
H	손익 분기 고객 수 증가(F/G)		
	쿠폰 회수		
I	제작 쿠폰 수량		
J	배포 쿠폰 수량		
K	회수 쿠폰 수량		
L	쿠폰 예상 회수율(K/J×100)		
	손익 계산		
M	마케팅 시행 전 주 평균 매출		
N	마케팅 시행 후 주 평균 매출		
O	마케팅에 의한 매출 증가(N-M)		
P	총매출 증가(O×A)		
Q	마케팅 순수익(P×60%-E)		

4) 실행 및 평가

마케팅을 실행할 때는 가맹점의 전체 구성원들이 모두 숙지하고 있어야 하며, 적극적으로 목표를 달성하려고 하는 의지가 필요하다. 그러기 위해서는 구성원 각자에게 합리적인 목표를 부여하고 목표 달성에 대한 인센

티브를 지급하여 동기부여를 할 필요가 있다. 또한 마케팅 실행 후 전체 구성원들과 함께 효과 분석을 실시해야 한다. 사전 목표설정과 비교 분석하고, 마케팅 실행 시 문제점을 검토하고, 이를 파일링하여 향후 마케팅 진행 시 과거의 데이터를 바탕으로 새로운 전략과 실행 방안을 기획하도록 해야 한다.

실적을 분석하고 다시 계획을 세우자

실적 분석은 가맹점의 경영 상태를 알기 위해 일정 기간 동안 영업한 내용을 수치로 분석하는 것이다. 실적 분석은 가맹점을 내부적으로 분석하는 것이기 때문에 살아있는 자료라고 할 수 있고, 수치를 이용하기 때문에 상당히 정확하게 내부의 경영 상태를 판단할 수 있다. 이를 통해 가맹점에서 개선해야 할 항목을 정확하게 찾아내는 단서가 되고 경영을 하는 데 있어 의사결정의 주요 자료가 된다. 다양한 실적 분석을 통해 가맹점의 문제점이나 개선 사항, 그리고 성과에 대해 확인할 수 있다. 다음은 실적 분석의 사례다.

1) 전년 비, 전월 비 매출 분석

해당 월의 매출이나 객수, 객단가, 원가 등 다양한 비용들의 실적을 전년 같은 월과 동년 전월을 비교 분석하는 방법이다.

아래 표는 프랜차이즈 브랜드의 각 가맹점 당월의 매출 실적을 전년과 전월을 비교 분석하여 증감되는 금액과 비율을 확인하는 분석 방법이다. 이를 통해 성장한 가맹점의 성공 사례를 파악하고 다른 가맹점으로 전파하여 전체 가맹점의 매출을 올리는 역할을 할 수 있다. 가맹점에서는 슈퍼바이저를 통해 인근 가맹점이나 상권이 유사한 가맹점과 비교 분석할 수 있을 것이다. 그리고 실적이 부진한 가맹점은 마케팅, 서비스, 상품, 상권의 변화 등 여러 요인을 파악하여 이를 개선할 수 있는 방안을 마련해야 한다.

가맹점명	당월 (00 월)						
	실적	전년	증감	Com.Sale	전월	증감	Com.Sale
선름점	57,379	84,932	-27,553	-32.4%	57,915	-536	99.1%
종로점	59,215	76,649	-17,434	-22.7%	52,534	6,681	112.7%
대학로점	120,582	119,674	908	0.8%	102,699	17,883	117.4%
명동점	67,604	83,787	-16,183	-19.3%	72,340	-4,736	93.5%
신흥점	60,105	55,393	4,712	8.5%	51,373	8,732	117.0%
한남점	24,706	32,255	-7,549	-23.4%	20,121	4,585	122.8%
분당 서현점	73,332	59,500	13,832	23.2%	60,868	12,464	120.5%
양재점	32,610	33,750	-1,140	-3.4%	31,555	1,055	103.3%
방배점	90,059	68,000	22,059	32.4%	77,845	12,214	115.7%
충무로점	28,285	25,452	2,833	11.1%	29,877	-1,592	94.7%

2) 월별 지수, 요일별 지수로 매출 추이 분석

각 월별 매출지수와 요일별 매출지수는 다르기 때문에 월별, 요일별 또는 연간 실적을 상세하게 분석하는 방법이다. 이를 바탕으로 차년도 또는 차월 경영 계획 작성의 자료로 활용하고 또한 월별 마케팅 계획에 있어 기초 자료가 된다.

○○년 월별 매출

월별 지수		7.7%	7.7%	8.6%	8.2%	8.3%	7.8%	8.3%	8.4%	8.1%	7.6%	8.3%	11.0%	100.0%
월		1월	2월	3월	4월	5월	6월	7월	8월	9월	10월	11월	12월	합계
00점	경영계획	67,000	67,000	75,000	71,000	72,000	68,000	72,000	73,000	70,000	66,500	72,000	95,900	869,400
	월별실적	75,280	60,254	77,250	77,582	68,251	65,212	70,254	76,521	72,542	75,210	75,852	89,542	883,750
	신장률	12%	-10%	3%	9%	-5%	-4%	-2%	5%	4%	13%	5%	-7%	2%

(월별지수 = 월별매출 / 연간매출 × 100)

날짜	요일	매출	요일	평균매출	요일지수
5월 1일	목	2,811,010	월	3,612,500	14.0%
5월 2일	금	2,861,930	화	2,575,000	13.8%
5월 3일	토	3,079,690	수	2,700,000	14.5%
5월 4일	일	2,589,920	목	2,740,000	14.7%
5월 5일	월	2,735,405	금	2,580,000	13.8%
5월 6일	화	2,360,250	토	2,840,000	15.2%
5월 7일	수	4,040,310	일	2,625,000	14.1%
5월 8일	목	5,352,290	합계	18,672,500	100%
5월 9일	금	3,155,540			
5월 10일	토	2,743,590			
5월 11일	일	2,638,950			

(요일별지수 = 요일매출 / 월매출 × 100)

3) 상품 판매비 분석

매출액 대비 상품 판매 비율을 분석하여 고객 선호도 및 트렌드를 확인하고, 원가에 미치는 영향과 향후 상품 개발의 의사결정에 필요한 자료로 활용한다.

150

날짜	요일	매출	상품분류(%)				
			스테이크	파스타	케이크	음료	디저트
5월 1일	목	2,811,010	31.0	8.8	28.8	12.0	19.4
5월 2일	금	2,861,930	28.4	6.5	34.8	11.6	18.7
5월 3일	토	3,079,690	30.2	7.0	33.5	22.5	6.8
5월 4일	일	2,589,920	27.9	5.4	43.3	12.8	10.6
5월 5일	월	2,735,405	26.6	5.6	41.7	11.8	9.4
5월 6일	화	2,360,250	34.0	10.5	28.5	13.4	13.6
5월 7일	수	4,040,310	21.9	5.3	46.7	5.8	20.3
5월 8일	목	5,352,290	17.3	4.9	48.8	6.9	22.1

(상품구성비율 = 상품매출/총매출 × 100)

4) 경영 계획 대비 달성율 분석

일정 기간의 영업 중 어느 시점에 경영 계획과 비교분석을 통해 계획과 어느 정도 차이를 보이는지, 그리고 어느 곳에서 문제점이 있는지를 사전에 파악하여 이를 컨트롤하는 분석 방법이다.

지금까지 성공하는 가맹점 경영 노하우에 대하여 다양한 사례를 들어 소개하였다. 그동안 가맹점에서 이와 같은 분석과 전략, 실행에 대해 생각할 여유가 없었을 것이다. 매년 상승하는 인건비와 임대료를 줄이기 위해 장시간 노동을 하고, 장기적인 불경기는 물론이고 전염병과 같은 외부환경 변화로 매출이 급격히 요동치는 시점에서는 더욱 그럴 것이다.

하지만 가맹점 역시 본부에만 의존해서는 안 되는 것이고, 내 점포의 경영 상황을 올바르게 이해하고, 전략을 수립하여 실행하고 피드백하는 프로세스를 거쳐야 한다. 그럼으로써 지금 처해 있는 위기나 앞으로 닥쳐올 다양한 외부 환경 변화에 적극적으로 대처할 수 있고, 지속적으로 성장할 수 있는 가맹점이 될 것이다.

날짜	요일	경영계획	매출	달성율(%)
5월 1일	목	2,500,000	2,452,895	98%
5월 2일	금	2,600,000	2,542,520	98%
5월 3일	토	2,800,000	3,021,542	108%
5월 4일	일	2,400,000	2,452,100	102%
5월 5일	월	2,400,000	2,398,542	100%
5월 6일	화	2,500,000	2,458,956	98%
5월 7일	수	2,600,000	2,325,421	89%
5월 8일	목	2,400,000	1,985,475	83%
5월 9일	금	2,600,000	2,212,354	85%
5월 10일	토	2,800,000	2,035,684	73%
Total		25,600,000	23,885,489	93.3%

가맹점의 운명은 고객이 결정한다: 고객경험 관리

경험을 구매하는 고객

과거에는 상품의 품질이 우수하기만 하면 디자인이 미려하지 않아도 소비자에게 사랑을 받았다. 제품이나 서비스의 사양이 결정되면 그 뒤에 디자인이 진행되는 프로세스였다. 디자인은 상품 외관 또는 패키지의 스타일링이나 소비자의 호감도를 고려해 단순하게 하는 것으로 인식되었다. 하지만 요즘 소비자들은 개인의 취향과 경험을 중요시한다. 때문에 단순히 상품의 기능적인 면을 뛰어넘어 자신만의 취향과 색다른 경험을 위해 디자인적으로 차별화된 상품을 구매하고 새로운 서비스 경험을 접하고자 한다.

이런 경향으로 인해 이제는 기존에 없던 신제품이나 새로운 서비스를 개발할 때 디자인이 우선시된다. 디자인은 더 이상 단순한 스타일링이 아니라 개발 프로세스에서 중요한 요소로 자리 잡게 되었다. 디자인 경영, 디지털 컨버전스의 개념이 대두되면서 디자이너에게 요구되는 역량이 높아졌다. 앞으로는 디자인과 기술 사이의 경계가 허물어질 것이다.

이러한 흐름에 맞추어 사용자 관점, 즉 고객 관점에서 문제에 접근하고 디자인적 사고를 상품 개발에 반영하는 고객경험CX, Customer eXperience 디자인이 도입되었다. 소비자 관점에서 디자인과 기술의 융합으로 문제를 해결하기 위해 엔지니어와 디자이너, 마케터 등 각 분야의 전문가들이 협업을 통해 서비스를 기획하고 상품을 개발한다.

감성적인 디자인 영역과 이성적인 기술의 융합이 상품 개발에 중요한 요소로 부각되었다. 앞으로 시장조사 및 사용자 리서치와 관련된 소모적이고 단순한 업무는 인공지능 디자이너가 수행하게 될 것이다. 디자이너들은 스타일링에 집중된 외적 표현 업무에서 벗어나 소비자가 새로운 경험을 할 수 있도록 상품과 서비스의 전체적 경험을 디자인하는 보다 창의적이고 개념적인 업무를 수행하게 될 것이다. 디자이너들은 기술과 트렌드의 변화에 따라 새로운 역할을 모색해야 할 것이다.

고객경험

기술의 발전으로 4차 산업혁명이라는 새로운 패러다임 시대로 접어들면서 대부분의 기업들은 디지털화digitalization에 대해 연구하고 기술 개발을 위해 힘을 기울이고 있다. 정보통신기술을 바탕으로 개발된 새로운 서비스와 상품, 그로 인한 새로운 고객경험은 이제 기업의 핵심 경쟁력이 되었다. 특정 IT기업이나 벤처기업 중심으로 연구되고 발전되었던 디지털 기술에 이제 모든 기업이 관심을 가지고 접근해 디지털 대전환^{digital} ^{transformation}이 일어나고 있다. 디지털은 이제 기업의 핵심 경쟁력으로 대두되고 있다.

　최첨단 기술이 디지털화의 핵심 요소이지만 '고객경험' 또한 중요한 요소이다. 최근 최첨단 기술을 바탕으로 다양한 상품과 서비스가 출시되고 있지만, 고객경험을 고려하지 않은 서비스는 시장에서 선택을 받기 어렵다. 각 기업에서는 고객과 소통하며 다양한 고객의 목소리를 경청하고 관리해야 한다.

　기술 혁명과 상향 평준화로 대부분의 제품과 서비스는 유사한 성능을 가지고 비슷한 조건으로 시장에 공급되고 있다. 이제 고객들은 단순히 상품과 서비스를 구매하는 것을 넘어 가치와 경험을 중요하게 여기기 때문에 단순히 상품 경쟁력만으로는 고객에게 어필할 수 없다. 즉, 고객의 숨은 니즈를 얼마나 정확하게 이해하고 대처하느냐가 기업의 성패를 좌우하게 된 것이다. 따라서 기업은 상품이나 서비스 개발 시 고객의 관점에서 접근하고 고객경험 관리$^{CXM : Customer eXperience Management}$를 철저히 해야 한다.

　고객경험은 기업의 상품과 서비스가 고객에게 제공될 때 상호작용을 통해 극대화될 수 있는데, 만족감과 불편함을 표현하는 고객의 목소리나 행위를 통해 고객경험에 대한 호불호를 판단할 수 있다. 고객경험에 있어 가장 우선적으로 고려해야 하는 것은 고객의 불편함$^{VOC, Voice of Customer}$

을 최소화하는 것이다. 기업은 차별화된 고객 경험을 제공하기 위해 고객이 느끼는 감동뿐만 아니라 불편함을 이해해야 한다. 고객이 상품과 서비스를 경험하는 모든 상황에서 행동과 심리를 분석해 관리하고 고객과 끊임없이 소통해야 한다.

정보통신기술의 발전과 인터넷의 보급으로 수많은 디지털 채널과 미디어를 통해서도 고객 관련 데이터를 수집할 수 있게 되었다. 기업은 디지털 환경에서 방대한 양의 데이터를 기반으로 정보를 탐색하고, 고객 개인의 니즈를 파악하여 맞춤형 서비스를 제공할 수 있어야 한다. 경쟁력 있는 기업들은 고객 데이터를 적극적으로 수집하고 고객의 현재와 미래의 취향을 분석해 상품과 서비스 개발에 활용하고 있다. 고객경험을 제대로 관리하기 위해서는 단순히 고객의 의견을 경청하는 것뿐만 아니라 고객의 의견을 데이터화하고 분석하여 고객이 원하는 것을 제공해야 한다.

온라인 식자재 판매업체인 마켓컬리는 공급을 담당하는 기업을 입점시키는 방식이 아니라, 상품을 공급하는 기업으로부터 모든 상품을 직접 구매해서 자사 물류센터에서 관리하는 시스템으로 운영하고 있다. 온라인 쇼핑몰 비즈니스 모델과 차별화한 것이다. 지마켓, 11번가, 옥션과 같은 온라인 마켓 기업은 소비자와 입점 기업을 연결시켜주는 플랫폼 비즈니스다. 즉, 온라인 커머스 플랫폼에 입점한 기업과 소비자 사이에 실질적인 거래가 일어나기 때문에 대부분의 고객서비스는 입점 기업의 몫이다.

온라인 커머스 기업은 입점 기업과 소비자를 연결만 해주면 된다. 즉,

판매하고 있는 상품의 품질과 배송, 서비스, 재고 관련 문제점과 손실은 입점 기업에서 책임진다. 그러나 마켓컬리는 품질 관리와 배송 등 모든 서비스를 직접 책임진다. 문제없이 안전하게 상품을 배송하기 위해 자사 물류센터에서 모든 상품을 구매하고 배송 박스에 상품을 담아 출고한다. 이런시스템을 유지하기 위해서는 소비자의 주문량을 미리 예측하여 상품의 재고를 관리해야 한다. 실시간으로 재고 관리가 이루어져야 하며, 상품의 재고 데이터가 소비자에게 전달되어야 한다. 그래야 신선식품 등 상품을 제때 판매할 수 있다. 유통기한이 임박한 제품이나 상태가 좋지 않은 상품에 대한 폐기비용은 모두 마켓컬리에서 책임진다. 따라서 정확한 데이터 관리와 데이터예측을 통해 폐기율을 줄이고 주문과 판매 비율을 유지해야 한다.

고객여정지도

고객들이 서비스를 이용하거나 상품을 구매하는 과정에서 느끼는 만족감, 행복, 편리함, 불편함 등 다양한 고객의 감정을 고객여정지도customer journey map로 구성하여 분석할 수 있다. 기업이 고객 입장이 되어 고객의경험을 디자인하고 그려 보는 것이다. 고객여정지도를 통해 고객이 서비스를 구매하기 전before과 구매하는 순간on, 구매한 이후after를 순차적으로 나열하여 고객이 서비스를 사용하는 전 과정을 한눈에 볼 수 있도록 도식화할 수 있다. 이러한 도식화를 통해 고객과 서비스의 상호작용 가운데 발생하는 페인 포인트pain point와 인사이트를 발견할 수 있다.

기업은 고객여정지도 분석을 통해 상품과 서비스에 대한 고객의 페인 포인트와 다양한 감정을 정밀하게 분석할 수 있다. 또한 고객의 관점에서 서비스와 상품의 문제점 및 경쟁력을 면밀히 파악할 수 있다. 이러한 데이터와 분석을 바탕으로 혁신적인 서비스 콘셉트를 개발하고 양질의 서비스 제공할 수 있다. 소비자는 서비스를 이용하는 주요 단계마다 최근 트렌드나 사회 이슈 등에 영향을 받기 때문에, 고객여정지도는 주기적으로 업데이트를 하며 관리해야 한다. 기업은 고객접점touch point에서 고객이 어떠한 반응을 보였는지를 분석하여 전략을 도출할 수 있다.

고객이 자사의 상품이나 서비스를 선택할 때 고려하는 니즈를 파악하고, 고객의 행동에 영향을 미치는 주요 이슈들을 파악하면 어떤 서비스를 제공해야 하는지 중요한 포인트를 찾을 수 있다. 고객의 유형별로 분류해 고객과 어떻게 상호 작용을 해야 하는지를 파악하여 매장 내부 또는 외부의 사이니지 디자인에 반영하거나, 또는 온라인 서비스에 디자인 관련 아이디어를 반영할 수 있다. 특정 고객의 사고방식을 면밀히 살펴보는 과정이기 때문에 타깃 고객을 명확히 설정하는 것이 중요하다. 기업 입장이 아니라, 고객 입장에서 고객여정지도를 작성해야 한다.

스타벅스나 이케아, 랑콤 등 글로벌 기업들은 고객여정지도를 적극적으로 활용하고 있다. 고객이 매장에 방문하여 서비스를 이용하는 전 과정을 분석하고 개선점을 반영해 우수한 서비스를 제공하고 있다. 고객이 입장했을 때부터 퇴점할 때까지 어떤 상황을 맞이하고 어떤 문제가 발생하는

스타벅스 고객여정지도 사례

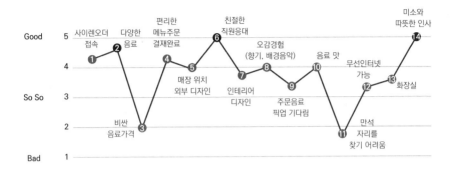

지, 고객에게 긍정적 요인과 부정적 요인이 무엇인지를 파악한다면 더 나은 서비스를 제공할 수 있다. 최근 확대되고 있는 비대면 서비스 환경과 디지털 환경에서는 고객들의 활동 방식이 달라지기 때문에 오프라인 기반 고객여정과 온라인 기반 고객여정을 구분해서 관리해야 한다. 고객의 경험은 절대 한 곳에 머물러 있지 않기 때문에 시대의 변화에 유기적으로 대처해야 한다.

고객 구매 과정

고객들은 원하는 상품 또는 서비스를 구매하기 전에 기업의 마케팅 활동에 노출되는 경우가 많다. 고객이 상품과 서비스를 '인지'하는 과정부터 다양한 자료 검색과 수집을 통해 제품의 장점과 단점을 분석하여 상품과 서비스 구매를 '고려'하는 순간까지 세분화해 살펴볼 수 있다. 편리한 결제

시스템이나 새벽 배송과 같은 만족스러운 서비스는 '구매 경험acquistion'을 극대화한다. 또한 멤버십 혜택이나 구매 후 지속적인 관리와 서비스는 고객경험의 만족도를 높인다. 그리고 이러한 만족스러운 경험은 자연스럽게 인터넷 커뮤니티나 소셜 미디어를 통한 공유로 이어진다.

기업은 공급자 중심이 아닌 소비자 구매 행동 모델을 기반으로 시장 상황에 맞는 마케팅 전략을 수립할 수 있다. 다양한 소비자 환경에서 고객이 남긴 흔적을 찾고, 접점을 통해 창의적이고 차별적인 경험을 제공해야 하는데, 이 과정이 쉽지 않다. 고객이 사용하는 미디어가 다양하고 채널은 확장되어 더욱 세분화되었기 때문이다. 대중의 기호와 라이프 스타일, 트렌드가 너무 다양해 브랜드와의 접점을 찾기가 어렵다. IT를 이용해 접점을 찾기 위해서는 고객과 브랜드의 상호작용 과정에서 발생하는 방대한 데이터를 수집하고, 그것들을 활용해 초개인화 메시지를 준비하고, 콘텐츠 서비스를 제공할 역량을 높여야 한다. 고객과 브랜드가 만나는 모든 접점에서 차별화된 고객경험을 제공하여 고객의 충성도를 높이는 것은 브랜드 호감도 상승에 있어 중요한 전략이다.

기업은 페르소나를 명확히 설정하고 고객이 경험하는 모든 경우의 수를 검토해야 한다. 고객 경험의 모든 단계를 시간 순서로 배열하고 고객접점이 무엇인지를 자세하게 기록하고, 고객이 기업의 서비스와 상호작용을 하는 접점에서 고객이 경험하는 모든 순간을 면밀하게 분석해야 한다. 스마트폰 앱, SNS, 문자메시지, 키오스크, 매장 직원, 안내 데스크, 광고 등 모든 소통 채널을 이용해서 고객이 생각하고 경험하는 모든 것을 고객이 사용하는 용어로 기록할 수 있어야 한다. 이를 바탕으로 고객이 겪고 있는 불편함이 무엇인지 파악하고 개선점을 찾을 수 있을 것이다. 나아가 더 좋은 고객 경험을 제공하기 위한 아이디어도 도출할 수 있을 것이다.

브랜드 신념

다양한 상품과 브랜드 가운데에서 특정 상품과 서비스를 자주 구매하는 고객들이 있다. 이런 고객을 단골손님 또는 '충성고객loyal customer'이라 한다. 충성고객은 같은 카테고리의 다양한 상품 가운데 선호하는 브랜드의 상품만을 선택하고, 브랜드에 대한 마음이 변치 않으며 그 브랜드만을 지지하는 성향을 보인다. 기술력의 평준화와 과잉 공급으로 상품과 서비스의 차별화가 쉽지 않은 상황에서 기업과 브랜드가 경쟁력을 갖기 위해서는 충성고객을 확보하는 것이 무엇보다 중요하다. 충성고객은 기업의 마케팅 활동에 적극적으로 참여하고 관심을 보일 뿐 아니라 주변 지인에게 자발적으로 해당 브랜드를 추천하기도 한다. 충성고객은 '브랜드 신념brand conviction'에 반응하여 자신의 신념을 표현할 수 있는 브랜드를 선택한다.

고객이 브랜드에서 느끼는 이미지는 브랜드 신념과 같은 가치적인 측면에서 출발한다. 이러한 가치와 신념은 충성고객을 끌어당기는 중요한 요소로 작용한다. 고객으로부터 지지를 받는 브랜드 신념은 긍정적인 브랜드 이미지를 구축한다. 이렇게 한번 고객의 마음속에 구축된 이미지는 곧 브

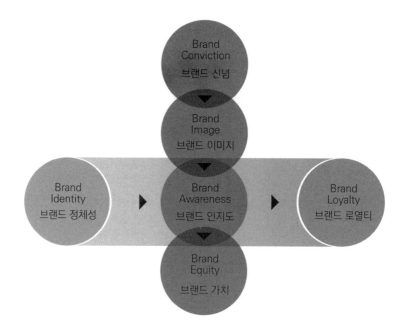

랜드 정체성으로 이어지는데, 이 정체성은 점점 확고해진다. 브랜드 인지
도가 높아지게 되면, 브랜드의 지지층이 늘어나게 되고, 지지층의 니즈를
파악해 브랜드 인지도를 꾸준히 관리하면 브랜드 충성도는 브랜드 가치와
함께 높아지게 된다. 때문에 기업은 상품 판매와 매출 극대화도 중요하게
여겨야 하지만 브랜드 관리 또한 매우 중요하게 여겨야 한다.

　고객은 기업이 브랜드를 통해 제공하는 만족스러운 경험을 통해 신뢰
를 느끼고 충성고객으로 진화한다. 따라서 기업은 브랜드 관리 매뉴얼을
구축하여 일관된 메시지를 고객에게 지속적으로 전달하고 체계적으로 브
랜드 관리를 해야 한다. 기업은 브랜드 콘셉트의 일관성을 유지하고, 제품

과 서비스를 소비자에게 일관적으로 제공해야 한다.

소비자의 유쾌한 경험은 긍정적인 브랜드 경험으로 전환되어 마음속에 남게 된다. 그중 강력한 경험은 장기기억이 되고, 이 좋은 기억들의 네트워크 조합이 브랜드의 기의(의미 요소)가 된다. 브랜드는 기억된 고객경험의 합과 브랜드 네이밍, 그래픽 모티브, 슬로건 등 표현요소들이 유기적으로 결합된 체계(시스템)라고 말할 수 있다. 그렇기에 브랜드 관리는 고객경험 관리와 맥을 같이 하고 있는 것이다. 따라서 브랜드 관리를 통해 일관된 고객경험을 만들어 내고 신뢰를 구축하는 것이 중요하다.

고객에게 사랑받는 상품과 서비스는 고객이 처한 상황과 니즈에 대한 분석과 이해로부터 탄생한다. 기업은 공급자 관점에서 고객의 세상을 보려고 하는 실수를 범하는 경우가 많다. 기업은 공감지도를 활용하여 고객의 숨은 니즈를 파악할 수 있다. 고객의 눈을 통해 세상을 바라봄으로써 고객이 처한 환경과 관심사, 열망 등을 깊게 이해할 수 있다.

아래의 질문을 토대로 고객의 행동, 생각과 느낌을 파악해 공감지도를 작성할 수 있다.

1. 보기see: 먼저 고객이 무엇을 주시하거나 읽고 있는지 기록한다. 고객이 바라보는 것은 기업이 말하고자 하는 것과 다를 수 있다.

2. 말하기say: 고객이 지속적으로 사용하는 언어가 무엇인지 자세하게

관찰하여 고객이 사용한 단어나 구절을 꾸밈없이 있는 그대로 적는다.

3. 행동do: 어떤 행동을 하는지, 어떤 행동이 눈에 띄었는지 고객의 행동을 적는다. 최근에 고객들의 행동이 어떻게 바뀌었는지, 또는 혼자 있는 경우와 여러 사람이 있는 경우 행동에 어떤 변화가 있는지 주목한다. 추가적으로 고객의 행동과 말이 어떻게 다른지 파악한다.

4. 듣기hear: 고객이 주변으로부터 자주 듣는 것은 무엇이며, 이것이 고객에게 어떠한 영향을 미치는지 파악한다. 온라인, SNS, 가족, 친구 및 동료들로부터 듣는 내용을 고려한다. 불필요한 정보가 아니라 고객의 생각에 영향을 미치는 것들에 집중한다.

5. 생각think: 고객이 제품이나 서비스를 경험하면서 어떤 생각을 했는지 적는다. 긍정적인 생각뿐만 아니라 부정적인 생각도 포함한다.

6. 느낌feel: 고객은 어떤 감정을 느끼고 있는가? 고객의 감정적인 상태 놀람, 흥분, 불안 등를 적는다.

7. 고충pain: 고객은 어떤 고충에 직면하고 있는가? 무엇에 실망하는가? 무엇 때문에 불편함을 느끼고 무엇 때문에 좌절하는지와 극복해야 할 장애물에 대한 정보를 파악한다.

8. 원하는 것gain: 고객이 궁극적으로 성취하거나 달성하고자 하는 것은 무엇인가? 간절히 원하는 것은 무엇이고, 그것을 얻기 위해 어떻게 행동할지 생각해본다.

공감지도를 기반으로 고객의 니즈를 종합할 수 있는데, 이는 문제를 해결하는 데 큰 통찰력을 제시할 수 있다. 우리가 대상으로 하는 고객이 누구이고 그들이 진짜 원하는 것은 무엇이며, 왜 그런지를 아는 데 도움이 되기 때문이다.

미래의 기술과 디자인

하늘을 나는 자동차, 사람과 친구처럼 대화하는 로봇은 공상과학 영화에서나 볼 수 있었고, 우리의 상상에만 존재했었다. 하지만 이러한 상상이 기계공학, 드론, 인공지능, 빅데이터, 사물인터넷 등과 같은 최첨단 기술의 발달로 우리의 현실에 직접적으로 다가오기 시작했다. 현재 우리는 이전에 경험하지 못한 빠르게 변화하는 시대적 흐름 속에서 첨단기술에 적응하고 있으며 학습하고 있다. 이러한 시대적 흐름은 단순한 생산성 향상과 기술 혁신에 그치지 않고 인간의 삶과 사회를 전반적으로 혁신할 것으로 보인다.

생산성 혁신을 이끈 1차 산업혁명의 증기기관과 전기에너지로 대표되는 2차 산업혁명은 생산 방법에 혁신을 가져와 대량생산을 가능하게 하였다. 이러한 물리적 변화와는 다른 양상을 보인 3차 산업혁명은 정보통신과 전자기술의 발전으로 인터넷 시대와 디지털 시대를 열었다. 지난 산업혁명은 충분히 혁신적이었고 우리 인간의 삶을 편리하게 바꾸어 놓았지만, 이는 모두 기술적인 분야에서의 변화와 혁신이었다. 그러나 인공지능, 빅데이터, 사물인터넷, 자율주행자동차, 로봇 등으로 대표되는 4차 산업혁명의

첨단기술은 기술과 디지털, 물리적 시스템의 융합으로 지금은 상상하기 어려운 변화와 발전을 이끌 것이다.

현재 우리가 일상생활에서 사용하는 스마트폰, 컴퓨터, 스마트 TV, 냉장고, 자동차 등 모든 것들이 네트워크로 연결될 수 있다. 인간의 사용 기록과 발자취들이 데이터로 기록되고 있으며, 이러한 데이터를 기반으로 로봇들이 인간의 명령이 없이도 판단을 내리는 시대가 열리고 있다. 빅데이터를 기반으로 학습(딥러닝)함으로써 자신의 의사를 표하거나 자율적인 판단을 내리고 행동하게 될 것이다. 즉, 인공지능과 빅데이터의 발전은 주체적 사고를 하고 학습을 할 수 있는 로봇을 탄생시켜 인간과 기계의 관계를 더욱 긴밀하게 만들 것이다.

인공지능 디자이너

언어를 익히고 소통하는 것, 생각하고 학습하는 것, 그리고 상대방의 표정을 통해 감정이나 생각을 인지하는 것 등 인간만이 할 수 있다고 생각해 왔던 것을 로봇이 할 수 있는 시대가 도래했다. 나아가 로봇이 인간을 뛰어넘는 기능을 수행하기도 한다. 인공지능의 등장으로 기계가 인간과 매우 유사하게 학습하고 지식을 쌓아가며 성장할 수 있게 되었다. 인공지능은 인간의 두뇌가 정보를 처리하는 방식을 모방해 발전하고 있는데, 인공지능은 수많은 데이터 속에서 규칙을 발견하고 패턴화하여 정보를 처리하며 학습한다.

로봇이 딥러닝을 통해 학습한 것을 토대로 응용하거나 새로운 아이디어를 추론하는 것은 인간의 인지 프로세스와 매우 유사하다. 인공지능을 응용하고 적용한 기술은 우리의 삶 속에서 더 이상 생소한 것이 아니다. 이미 우리의 일상생활 속에 깊숙이 자리 잡고 있다. 사진 속 많은 사람 중에서 나의 얼굴을 인지하여 찾아주는 얼굴 인식 기술, 사용자와 대화를 하는 AI 비서인 아마존의 알렉사^{Alexa}와 애플의 시리^{Siri} 등에 적용된 음성 인식 기술은 우리가 일상적으로 접하고 있는 대표적인 인공지능 기술이다. 인공지능은 일기예보, 주식, 법률자문, 의료서비스 등 다양한 분야에 적용되고 있다.

인공지능은 디자이너가 다양한 디자인을 벤치마킹하고 레이아웃, 타이포, 컬러를 분석하듯이 디자인 과정을 학습하고 훈련한다. 인공지능 컴퓨터는 시안 작업을 진행하고 인간 디자이너의 피드백을 담아 디자인 고도화 작업을 진행할 수 있다. 마치 인간 디자이너들이 회의와 피드백을 바탕으로 수정하는 과정과 유사하다. 인공지능 디자이너는 다양한 디자이너들의 피드백과 자료를 분석하는 딥러닝을 통해 스스로 발전한다.

인공지능 기반 디자인 서비스를 제공하는 비비빅 닷컴$^{vivivik.com}$과 알리바바가 개발한 인공지능 디자이너 루반^{鲁班}은 인공지능 알고리즘 기술을 활용한 예로, 적용된 인공지능이 스스로 디자인을 학습하고 전문 디자이너 수준의 결과물을 도출한다. 비비빅 닷컴은 디자인 의뢰가 어려운 소상공인 등 영세 사업자를 대상으로 저비용 고품질의 디자인 서비스를 제공한다.

사용자는 클릭 몇 번으로 손쉽게 회사 BI, 명함, 인쇄물을 제작할 수 있다. 원하는 디자인 콘셉트를 선정하거나 컬러와 레이아웃 정하는 등 사용자가 작업에 직접 관여하는 것도 가능하다. 시대가 변함에 따라서 디자이너에게 요구되는 역량도 변화되어 왔다. 앞으로 소모적이고 단순한 디자인 업무는 인공지능 디자이너가 수행하게 될 것이다. 그러므로 인간 디자이너들은 보다 창의적인 업무에 집중하며 새로운 역할을 모색해야 한다.

성공의 기반을 세워라: 상권 조사·점포 개발

성공 창업의 조건이 '100'이라면 점포 선정이 '80' 이상인 이유

100명의 자영업자에게 '왜 창업을 했느냐?'고 물으면, 모두가 '돈을 벌기 위해서'라고 대답할 것이라고 장담할 수 있다. 그렇다면 그 '돈을 버는' 시스템을 구축하는 과정에서 가장 많은 자원이 투입되는 지점은 어디일까? 바로 점포다.

지난 2015년, 매경이코노미는 〈금액대별 도전해볼 만한 프랜차이즈〉라는 제목으로 당시 프랜차이즈 업계를 대표하는 50개 브랜드의 창업 소요 비용을 일목요연하게 정리해서 기사화했다. 시장에 공개된 자료 외에도 '예상 보증금', '예상 권리금'까지 꼼꼼하게 조사가 된 자료라서 몇 년이 지난 지금까지도 예비창업자들이 업종과 브랜드를 고르는 과정에서 한 번쯤은 참고하는 자료다.

아래에 첨부한 자료를 보면, 투자계정 중 가장 큰 영역을 차지하는 것은 단연 '점포 확보' 비용이다. 점포 보증금과 권리금을 더한 금액을 총 예상 창업 비용으로 나누어 비율을 보니, 약 60% 정도가 점포에 매몰되는 비용이었다. 투자금의 절반 이상이 소요된다는 사실보다 더 숨이 막히는 것이 또 있다. 그것은 '일단 한 번 계약하면, 꼼짝없이 계약 기간만큼은 메어 있어야 한다'는 것이다.

한 번 형성된 상권의 모양은 어지간하면 잘 변하지 않는다. 주변에 있던 대규모 관공서가 이전을 한다든지, 새로 지하철역이 들어온다든지 하는 천지개벽 수준의 사건이 발생하지 않는다면 더욱이 그렇다. 일단 한 번 점포를 정해서 계약을 하고 나면 주변 입지 환경은 내가 어떻게 할 수 있는 성질의 것이 아니다. 때문에 상권과 점포 선정은 가용한 모든 정보력과 경험치를 녹여서 결정해야 한다. 그렇다면 이렇게 중요한 점포 선정을 '제대로' 하기 위해선 어떤 것들을 준비해야 할까?

첫째로 '공급자와 소비자의 눈높이를 맞추는 것'이다. 초보 창업자들이 흔히 가지고 있는 선입견이 있다. '가치가 있는 상품(맛있는 음식)을 내놓는다면, 매상은 당연히 오를 것'이라는 착각이다. 이런 착각을 해소하는 방법은 간단하다. 입장을 바꿔 생각해 보면 된다. '내가 길 건너의 회사에 다니는 손님이라면 우리 가게에서 파는 순대국밥 또는 쌀국수를 일주일에 몇 번이나 사서 먹을 수 있을까?' 이런 질문에 본인이 객관적으로 답을 할 수 있다면 예비창업 과정에서 절반은 진도를 나간 것이나 진배없다.

결국 이는 내 점포의 입지와 상권을 소비자의 입장에서 바라봐야 한다

프랜차이즈별 예상 창업비용 (단위: 원)

업종	상호	기준 매장(평)	창업비용(부가세별도) 가맹비	교육비	인테리어	장비,기자재	본사보증금	기타*	부가세포함총비용	점포비용 예상보증금(상권)	예상권리금	예상총창업비용***
세탁	크린토피아	6	300만	–	700만	300만	300만	–	1,760만	1,000만(C)	1,000만	3,760만
치킨	또레오레	10	600만	100만	950만	560만	100만	–	2,541만	1,600만(C)	1,600만	5,741만
	네네치킨	10	–	100만	1,200만	700만	200만	550만	3,025만	1,600만(C)	1,600만	6,225만
	BHC치킨	8	700만	180만	1,280만	620만	300만	420만	3,850만	1,300만(C)	1,300만	6,450만
	BBQ치킨	8	1,000만	280만	1,480만	950만	500만	550만	5,236만	1,300만(C)	1,300만	7,836만
	페리카나치킨	15	300만	–	2,450만	1,000만	–	–	4,125만	2,500만(C)	2,500만	9,125만
	굽네치킨	10	–	–	1,800만	3,600만	–	200만	6,160만	1,600만(C)	1,600만	9,360만
	교촌치킨	15	600만	310만	2,380만	1,065만	200만	650만	5,726만	2,500만(C)	2,500만	1억726만
주점	투다리	12	300만	60만	2,960만	–	100만	–	3,762만	2,000만(C)	2,000만	7,762만
	봉구비어	10	300만	200만	4,000만	1,000만	–	250만	6,325만	1,600만(C)	1,600만	9,525만
간편식	봉구스밥버거	10	500만	50만	2,250만	640만	50만	670만	4,576만	1,700만(C)	1,700만	7,976만
떡볶이	아딸	10	700만	100만	1,400만	1,100만	200만	700만	4,961만	2,700만(B)	3,900만	1억1,561만
	죠스떡볶이	10	500만	200만	1,800만	1,600만	200만	1,385만	6,254만	2,700만(B)	3,900만	1억2,554만
김밥	김가네김밥	10	500만	200만	1,800만	1,500만	200만	500만	5,170만	2,700만(B)	4,050만	1억1,920만
	바르다김선생	15	700만	300만	4,465만	4,746만	200만	1,450만	1억3,047만	4,000만(B)	6,000만	2억3,047만
생활용품	양키캔들	12	500만	–	3,400만	–	100만	660만	5,126만	3,200만(B)	4,800만	1억3,126만
간편식	한솥도시락	12	500만	200만	2,712만	2,000만	200만	–	6,173만	3,200만(B)	4,800만	1억4,173만
	본도시락	12	1,100만	200만	2,100만	1,815만	200만	780만	6,595만	3,200만(B)	4,800만	1억4,595만
편의점	CU,GS25 / 세븐일레븐 / 미니스톱	20	700만	본부지원		GS25 200만	1,500만	2,420만 / 5,300만(B) / 3,400만(C)	6,700만(A) / 7,950만(B) / 3,400만(C)	1억3,400만(A) / 1억5,670만(B) / 9,220만(C)	2억2,520만(A)
디저트	스무디킹	13	1,000만	500만	3,200만	5,620만	1,000만	930만	1억3,475만	3,500만(B)	5,250만	2억2,225만
	공차	20	1,500만	300만	6,000만	4,600만	1,000만	1,800만	1억6,720만	5,300만(B)	7,950만	2억9,970만
	베스킨라빈스31	20(로드숍)	500만	150만	5,800만	6,200만	800만	1,200만	1억6,115만	6,700만(A)	1억3,400만	3억6,215만
	던킨도너츠	20	500만	150만	4,300만	7,500만	1,000만	2,600만	1억7,655만	6,700만(A)	1억3,400만	3억7,755만
	망고식스	50	1,000만	–	9,000만	1억1,100만	1,000만	1,500만	2억5,960만	1억3,300만(B)	1억9,950만	5억9,210만
저가 커피	이디야커피	15	1,000만	–	3,500만	2,700만	500만	–	1억338만	5,000만(A)	1억	2억5,338만
	디초콜릿커피	15	1,000만	–	3,250만	4,700만	500만	500만	1억945만	5,000만(A)	1억	2억5,945만
독서실	토즈스터디센터	60	1,000만	–	9,900만	8,700만	–	–	2억1,560만	5,000만(C)**	–	2억6,560만
베이커리	뚜레쥬르	20 (일반형)	500만	150만	3,280만	7,220만	–	2,000만	1억5,565만	5,300만(B)	7,950만	2억8,815만
	파리바게뜨	17 (일반형)	500만	150만	4,000만	7,600만	1,500만	3,600만	1억9,085만	4,500만(A)	6,750만	3억335만
샌드위치	써브웨이	17	1,100만	–	2,890만	7,610만	–	1,010만	1억3,871만	5,700만(A)	1억1,400만	3억971만
외식	놀부부대찌개	25	750만	500만	3,750만	2,650만	300만	750만	9,570만	8,300만(A)	1억6,600만	3억4,470만
피자	피자헛	20	약2,700만 (2만4,400달러)	–	5,000만	9,400만	2,000만	–	2억1,010만	5,300만(B)	7,950만	3억4,260만
	미스터피자	40	3,000만	250만	8,400만	7,235만	1,000만	550만	2억2,479만	7,100만(B)**	7,100만	3억6,679만
	도미노피자	25	3,000만	200만	1억6,000만	–	500만	200만	2억1,890만	6,640만(B)	9,960만	3억8,490만
쌀국수	포메인	35	2,500만	–	8,750만	2,900만	–	1,300만	1억6,995만	9,300만(B)	1억3,950만	4억245만
외식	원할머니보쌈족발	30	700만	500만	4,500만	3,000만	300만	710만	1억681만	1억(A)	2억	4억681만
	놀부보쌈	30	750만	500만	4,650만	3,820만	300만	750만	1억870만	1억(A)	2억6,600만	4억7,470만
	채선당	71	500만	700만	1억1,360만	5,041만	500만	2,340만	2억685만	1억8,900만(B)	2억8,350만	6억7,935만
커피	탐앤탐스	40	1,000만	–	1억	6,000만	1,000만	–	2억1,120만	1억3,300만(A)	2억6,600만	6억1,110만
	힐리스커피	40	1,000만	–	9,800만	5,700만	1,000만	1,800만	2억1,230만	1억3,300만(A)	2억6,600만	6억1,220만
	엔제리너스	40	1,000만	80만	9,000만	1억	–	–	2억2,000만	1억3,300만(A)	2억6,600만	6억1,900만
	카페베네	40	1,000만	–	1억	1억200만	500만	2,500만	2억6,400만	1억3,300만(A)	2억6,600만	6억6,390만
생활용품	다이소	60	1,200만	–	1억380만	–	4,000만	6,600만	2억4,398만	1억6,000만(B)	2억4,000만	6억4,398만
패스트푸드	롯데리아	60	275만	240만	1억3,800만	1억8,000만	–	–	3억6,894만	1억6,000만(B)	2억4,000만	7억6,894만
	버거킹	60	1,500만	300만	3억8,000만	–	6,300만	–	4억9,363만	2억(A)	4억	10억9,363만
모텔	야놀자	40객실	–	–	8억8,000만 (객실당2,200만)	1,000만	–	–	9억9,550만	35억(B)		45억

*간판, 홍보물, 이벤트비용, 초도 상품대 등 **미스터피자는2층 매장, 토즈스터디센터는 3층 매장 기준

***부가세 포함 총 비용예상 권리금

자료: 각 사 자료와 한국창업부동산정보원의 '서울 주요 상권 임대 보증금.권리금 신청 방식을 취함

는 것이다. 세상이 나를 중심으로 돌아가는 것이 아닌 것처럼, 상권도 내 점포를 중심으로 이루어져 있지 않다. 중요한 것은 내 점포 주변에 있는 손님의 흐름이다. 경험이 있는 창업자라면 상권의 배후를 구성하는 손님들의 위치와 흐름을 나름대로 가늠할 수 있겠지만, 초보 창업자들에게는 매우 막연하게 다가올 수 있다. 이때 가장 유용한 도구가 소상공인시장진흥공단에서 운영 중인 '소상공인 상권정보시스템(sg.sbiz.or.kr)'이다.

두 번째는 '예상되거나 확정된 상권의 변화'다. 해마다 전국적으로 신도시 계획이 발표되고, 새로운 길이 생기고, 지하철역과 버스정류장이 생긴다. 통계청 자료에 따르면 연평균 대한민국 전체 인구 중 약 16% 정도가 주거지를 옮긴다. 2020년 8월을 기준으로 한국의 인구가 5,178만 579명이니, 지난 한 해 동안 약 830만 명이 이사를 한 셈이다. 언뜻 멈추어 있는 것처럼 보이지만, 우리 주변의 환경은 늘 변화하고 있는 것이다.

내 손님은 어디에서 오는 걸까?

서울 군자동에 있는 H설렁탕 군자점의 사장은 주변의 다른 가맹점보다 배달 주문이 적게 나와 고민이었다. 그러다 가맹본부의 진단을 요청했고, 첫 번째 실행한 것이 최근 두 달 사이에 누적된 배달 건의 거리별 분포 통계를 내보는 것이었다. 통상 매장을 기점으로 해서 내점 고객의 시발점을 체크하는 핀서베이Pin-Survey의 배달버전인 셈이었다.

조사 결과는 내점 고객의 패턴과 비슷했다. 반경 1킬로미터를 넘는 곳에서 들어온 주문 건수는 1킬로미터 이내의 주문 건수의 3분의 1도 되지 않았다. 배달 권역의 범위를 늘리려고 하나당 8만 원이 넘는 '배달 앱 깃발'을 먼 거리까지 구매해서 꽂은 것이 무의미해지는 순간이었다.

사장은 바로 가장 멀리에 찍어둔 깃발부터 삭제했다. 그렇게 줄인 홍보비는 근거리에서 들어오는 주문 건에 음료수를 서비스로 제공하는 데 쓰기 시작했다. 그렇게 한 달이 지난 후, 결과는 기대 이상이었다. 인근에서 10년 이상 터줏대감으로 자리 잡은 대형 설렁탕가게의 배달주문 건 총량을 뛰어넘은 것이다.

많은 초보 창업자들이 공통적으로 필요 이상의 에너지를 쏟는 부분이 바로 이것이다. 한때 서수원버스터미널에서 분식집을 운영해 보았던 나부터도 최대한 먼 곳까지 전단지를 뿌리려고 애를 썼던 기억이 있다. 사실 먼 곳까지 전단을 뿌린다고 해서 매출로 직결되지 않는다는 것을 경험을 통해 알고 있었지만, 그렇게라도 하지 않으면 왠지 매출이 줄어들 것 같은 막연한 공포감이 더 컸기 때문이었다.

식당 홍보 활동의 기저에는 '내 점포가 가진 물리적인 영향력을 확대할 수 있을 것'이라는 기대가 깔려 있다. 하지만 필요 이상으로 넓은 지역에 전단지를 배포하거나 홍보 활동을 하는 것은 투자 대비 효율이 크게 떨어진다. 특히 기존 고객의 내점 패턴도 제대로 공부가 되지 않은 상태라면, 상황은 더 복잡해지게 된다. 결국 한정된 예산이라면 넓은 지역에 한 번 전단을 뿌리는 것보다는 타깃이 되는 지역을 좁혀서 여러 차례 전단을 뿌리는 것이 더 효과적이다. 우연히라도 자주 마주치는 사람에게 더 자연스럽게 관심이 가듯 전단을 통해서 자주 접하는 음식점에 관심이 조금이라도 더 가게 마련이다.

이런 현상은 단순한 우연이 아니다. 자주 눈에 띄는 익숙한 상품을 반복해서 구매하게 되는 현상을 '단순 노출 효과'라고 한다. 마케팅을 공부한 사람이라면 한 번쯤 들어보게 되는 이론으로 로버트 자이언스^{Robert Zajonc}가 정립하였기에 '자이언스 효과'라고도 불린다.

핀서베이 도표와 해석 예시

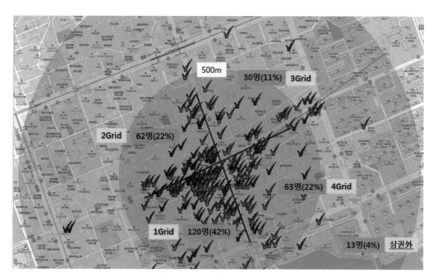

* 지역을 4개의 분면(Grid)으로 나눠 현황을 표시하였다.

174

■ 내점객 분포 특징

1. 도로 횡단 여부에 따른 내점율 차이 큼 : 1회 횡단 시 50%씩 감소

  1) 반경 500미터 범위를 설정 후 사거리를 기준으로 상권을 4등분 하면, 매장 블록 내 비율이 내점객의 42%, 도로를 1번 건너는 2, 4Grid가 동일하게 22%, 2번 횡단하는 3Grid가 11%, 상권 외 유입객이 4%.

  2) 자점이 도로에 접해 있어 도로 기준 횡, 종으로 배후 내점객이 분포.

2. 상권 범위: 500미터가 최대치(96% 내점), 300미터 내 78% 내점.

3. 평일 저녁과 주말의 경우 상권의 외연 확장성은 크지 않으나, 평일 점심 대비 Grid별로 넓게 고른 분포도를 보임.

4. 평일 대비 주말 매출은 38%, 평일 기준 점심 시간대 비중은 70%.

■ 시사점

1. 반경 500미터 내 주거 인구 공략을 통해 평일 저녁, 주말 매출 확대.

  - 주거 인구: 반경 500미터 내 20,217명.

  → 1Grid: 3,664명, 2Grid: 4,146명, 3Grid: 7,080명, 4Grid: 5,327명

  → 자점 위치를 부각한 '역삼점' 전단지를 신문 '삽지' 배포보다 '가가호호' 홍보 실행.

2. 상권 내 소형사무실, 상가등 시설물 종사자 다수 분포.

  - '2층 위치'라는 보행 기준 가시성 한계로 이면에 위치한 배후 인구의 기억 속에 선뜻 떠오르지 않을 수 있고, 대형빌딩 근무자 대

비 근무자 · 종사자의 교체가 빈번함을 감안해 '빌딩 타기' 홍보 횟수를 기존 대비 연중 실시 횟수 확대.

코로나19 이후, 외식업의 판을 다시 짜는 배달전문점

조금 이른 점심시간, 맛집 앞 골목에 길게 줄을 선 사람들. 가게 문을 열고 들어가자 와자지껄 떠들며 식사를 즐기는 손님들. 머릿속에 떠올리면 금방 상상이 되는 풍경이지만, 이제 현실에서 이런 풍경을 마주하는 것이 점점 어려워지고 있다.

코로나19가 전 세계를 휩쓴 2020년 1분기, 통계청에서 발표한 자료에 따르면 우리나라의 19년 4분기 대비 민간 소비가 6.4% 감소한 것으로 나타났다. 특히 공급자와 소비자의 접점이 넓은 외식업 종사자들이 받은 충격은 상상 이상이었다. 역대 최장 기간을 기록한 장마로 야외활동이 제한되면서 코로나19가 잠잠해지는가 싶었지만, 장마가 끝나자마자 확진자의 수가 폭발적으로 늘기 시작했다. 1분기 장사를 거의 포기하다시피 했던 외식업 자영업자들은 휴가철을 맞아 V자 반등을 기대했지만, 그 기대는 시작과 함께 무너져버렸다.

이런 상황에서도 성장을 한 외식업 분야가 바로 '배달전문점'이다. 아이러니하게도 '특수를 누렸다'고까지 표현할 수 있을 정도다. 단적인 예로, 코로나19의 확산세가 정점을 이루던 2020년 3월 배달의민족 결제액은 1월과 비교했을 때 44%나 늘어난 것으로 조사가 되었다. 이와 같은 배달

전문점의 성장세에 덩달아 확장을 한 산업군이 바로 공유주방이다. 전통적인 조건이라면 식당 하나가 출점하기에도 빠듯한 20평 남짓의 점포에 배달전문 브랜드 6~7개가 주방을 공유하며 운영을 하는 구조다. 같은 맥락에서 업종을 다변화하는 방식으로 생존전략을 다시 짜는 식당들도 생겨나기 시작했다. 이를테면 김밥집에서 치킨과 족발을 조리해서 배달하는 것 등이 있다.

배달전문 브랜드 창업, 상권은 어떻게 정해야 할까?

언택트 소비가 소비의 주류로 부상하면서 '배달전문점'의 정의도 바뀌고 있다. 치킨, 피자, 중식의 전유물이나 마찬가지였던 '배달'이었지만, 이제는 전문 브랜드뿐만 아니라 거의 모든 외식업 업종의 주된 매출 창구로 재편되는 상황이다. 하지만 대부분의 외식업이 내점 고객을 기준으로 상권과 서비스가 구축되어 있는 상태였기에, 좋은 배달상권을 정의하는 기준은 모호하기만 하다.

점포의 입지와 목표 상권을 정하기 위해서는 여러 가지 사항을 고려해야 한다. 단순히 가게의 간판이 잘 보이는 것뿐만 아니라, 해당 간판을 인지할 수 있는 가시거리가 200미터인지, 100미터인지, 아니면 가게 앞까지 와야 제대로 간판을 볼 수 있는지 등을 보다 세부적인 지표로 평가를 할 수 있어야 한다. 배달 라이더들의 매장 접근성도 중요한 지표다. 매장 앞 차량 통행 속도가 빠른 대로변이나 2층, 지하점포는 상대적으로 안전에 대한 이슈로부터 취약하다. 내점 고객은 점주의 접객 역량이 직접 작용하지만, 배달고객은 배달 라이더에게 접객을 위탁하는 것과 진배없기 때문이다.

배달상권이나 배달 가능 범위를 정할 때 중요한 기준은 고객의 유형과 위치 분포다. 하지만 이 기준에 앞서 정의해야 할 것은 판매를 할 '음식', 즉 어떤 제품이 각광받을 수 있는지 생각해보는 것이다.

예를 들면 음식량의 단위가 큰 피자나 찜닭 같은 업종과 전문메뉴 업종은, 주거 인구가 많고 세대당 구성원이 2명을 넘어가는 주거밀집 지역에서 좋은 성과를 낼 가능성이 크다. 반대로 음식량이 소분되어 있거나 1인식, 야식을 전문으로 하는 업종은 직장 인구의 비율이 높고 30~40대 인구의 비율이 높은 지역에서 각광받을 가능성이 큰 것과 같다.

이와 같은 정량적 데이터는 소상공인 상권정보 시스템 등을 활용해서 수집할 수 있지만, 오프라인(현장)의 데이터를 수집하는 것도 빼놓을 수 없다. 그렇다면 현장에서 수집할 수 있는 데이터에는 어떤 것들이 있을까?

가장 직관적인 지표는 목표로 하는 상권의 배달대행 서비스 업체를 파악해 보는 것이다. 아울러 배달 차량의 유동량이나 경쟁 점포 앞에 세워져 있는 오토바이의 대수를 유심히 살펴보는 것도 도움이 된다. 통상 중국집을 기준으로 오토바이 1대당 일일 50만 원선의 매출로 치환하여 계산하면, 해당 점포의 매출을 대략이나마 가늠해 볼 수 있다. 최근 배달대행 전문 서비스가 보편화되면서, 단순하게 오토바이만 봐서는 어떤 음식을 싣고 달리는지 추정하기가 어려워지긴 했다. 하지만 지역에서 대표성을 가지는 아파트 단지나 오피스 빌딩에 배달 라이더들이 주로 드나드는 시간대와 빈도를 파악해 보는 것도 도움이 된다.

이렇게 온·오프라인 데이터를 모아서 분석해 보면, 목표로 하는 지역 안에서 선호도가 높은 업종과 특징, 경쟁 점포의 수준과 매출 정도를 가늠해 볼 수 있다. 때로는 직접 배달음식을 주문해서 음식의 퀄리티를 확인하는 것도 중요하다. 이런 데이터가 장기간 쌓이면 자신만의 배달업 상권을 정의할 수 있는 안목도 함께 높아질 것이다.

구멍을 깊게 파면, 지름은 자연스럽게 커진다

초보 창업자들이 개업 초기 야심차게 영업을 하다가 번아웃 증후군을 겪는 경우가 생각보다 많다. 가장 위험한 것이 과욕인 셈이다. 안 그래도 창업 초보자는 신경 쓸 것이 많은데 의욕이 앞서서 그 힘을 여러 군데로 나누어 쓰다 보면 어느 것 하나 제대로 된 성과를 내기 어려워지는 것은 당연한 일이다. 그럴 때 다시 한번 상기해야 할 것은 '내가 1등을 할 수 있는 카테고리'를 정의해 보는 것이다. 예를 들어 서울시에서 가장 친절한 가게가 되기는 어려워도, 이촌동 삼익상가 1층에서 가장 친절한 가게가 되는 것은 해볼 만한 도전인 것처럼 말이다.

서울 서대문구 북가좌동에서 프랜차이즈 설렁탕 점포를 운영하는 K씨는 사업 초기에 어떤 고객을 타깃으로 해야 할지 고민이 많았다. 주거 인구가 조밀하게 들어선 상권이기에 아침저녁으로 가게 앞 유동도 많았고, 점심시간에도 길을 오가는 손님들이 제법 가게를 채워주었다. 하지만 그렇게 몇 달이 지나자 점차 가게의 매출이 하향곡선을 그리더니 정체되는 구간을 맞이하게 되었다. 그 시점에서 의도한 것은 아니었지만 K씨가 선택한 전략은 '집중해서 공략할 지역을 정의한' 것이었다. 본인의 역량에 한계가 있는데 여러 가지를 동시에 신경 쓰면서 일을 벌이는 것보다는 핵심적인 곳에 모든 에너지를 쏟는 방식을 택한 것이다.

K씨는 결심이 서고부터 '내 가게 앞을 지나는 사람은 모두 내 손님'이라는 목표를 세우고 홍보 활동을 시작했다. 더운 여름날에는 시원한 요구르트를 오가는 사람들에 나눠주기도 했고, 리어카에 폐지를 잔뜩 싣고 지나가는 어르신을 볼 때면 꽁꽁 얼린 생수병을 손에 들려 보내기도 했다. 직원이 두 명이던 세 명이던, 작은 사업장이 있는 고객과는 제휴를 맺어서 해당 사업장에서 근로를 하는 고객이 방문하면 일정 부분 할인을 해주는 정책을 만들기도 했다.

물론 장사를 하는 입장에서 구멍을 하나만 파는 것은 용기가 필요한 일이다. 순대국을 팔다가 돼지열병이라도 유행하면 타격이 클 것이니 콩나물국도 팔고 육개장도 팔고, 곰탕도 팔아야겠다고 생각하는 점주도 있을 것이고, 이런 구성을 권하는 컨설턴트도 있을 수 있다. 하지만 언제 일어날지 모르는 막연한 위기 상황이 닥치기도 전부터 '장사가 잘되지 않을 것'이라는 부정적인 생각들은 아무런 의미가 없다.

업종을 정하고, 상권을 정해서 출점을 했다면 본인이 역량을 집중할 수 있는 지점, 본인이 경쟁자들보다 우위에 있는 지점에 집중해야 한다. 그것에 모든 것을 걸 수 있는 용기가 있는 창업자만이 1등을 경험할 수 있다. 모든 것을 잘하려고 할 필요는 없다. 자신이 잘할 수 있는 것에 역량을 집중시켜라.

업종별 궁합을 정의할 수 있다면, 실패를 줄일 수 있다

지역별 대표상권을 조사하다 보면 마치 상호 간에 '필요 충분 조건'인 것처럼 나란히 출점되어 있는 브랜드를 볼 수 있다. 예비창업자가 출점을 목표로 상권을 선정하는 방점이 전통적으로 숨어 있는 대박 상권을 발굴하는 데 있었다면, 최근에는 이미 과포화된 시장에서 조화롭게 시너지를 낼 수 있는 상권을 찾는 방식으로 진화되고 있다.

여기서 조화로운 업종 구성이란 바로 시너지를 낼 수 있는 업종끼리 밀집하는 것을 말한다. 예를 들어 노량진 횟집, 신림동 순대, 신당동 떡볶이, 동대문 의류타운, 정자동 카페거리처럼 동종 업종의 군집 효과를 기대할 수 있다. 그런데 이런 동종 업종의 군집 효과는 전통적으로 형성돼 왔거나 도시계획의 하나로 조성된 예가 대부분이기에 일개 창업자가 이와 같은 출점 트렌드를 주도하기는 쉽지 않다.

그간 상권 조사를 해오면서 정의한 궁합이 맞는 업종의 특징은 첫 번째로 '유유상종 출점'이 있다. 한식, 중식, 분식 등 세부 업종은 다르더라도 속칭 '대박 가게' 옆으로 출점하면 그 후광효과를 볼 확률이 높다.

두 번째로 소비자의 '소비 패턴에 따른 출점'이다. 밥을 먹으면 커피를 한잔 마시러 간다든지, 1차로 고기를 먹고 2차로 맥주를 한잔 마시고 숙취 해소 음료를 마시려고 편의점에 들른다든지, 건강검진 전문병원에 갔다가 속이 편한 죽집을 찾게 된다든지 하는 자연스러운 소비 패턴에 맞춰 업종이 밀집해 있으면 시너지 효과가 컸다.

세 번째는 '상권별 대표 업종 따라가기' 출점이다. 기본적인 상권 분류 카테고리인 주거, 오피스, 주거복합, 대학가, 역세권 등에 따라 출점하는 대표 업종을 찾아보는 방식이다. 예들 들어 주거 지역의 대표 업종인 세탁소는 마트, 제과점, 학원, 유치원 등 주거 지역에 입점하는 업종들과 관련이 있었다.

마지막으로 '목표로 하는 상권의 구매력 따라가기'도 좋은 지표다. 디자이너 패션브랜드나 니치향수전문점, 고급 수면용품 전문점 등 프리미엄 업종에 속하는 점포는 구매력이 높은 고객이 주로 오가는 곳에 자리를 잡아야 한다. 반대로 칼국수나 도시락 전문점 등은 대학가나 원룸촌 등 편의점 브랜드의 퍼포먼스가 높게 나타나는 상권을 따라가는 것이 적합하다.

〈상권력 체크리스트〉

가. 경쟁점 조사

다음의 도표를 통해 경쟁점을 조사할 수 있다.

(1) 기초 정보	– 상호	☐
	– 주소	☐
	– 영업시간	☐
	– 점심, 저녁 시간대 빌카운트	☐
	– 호감 요소	☐
	– 비호감 요소	☐
(2) 외부	– 시각노출도	☐
	– 시각적 매력 요소	☐
	– 시각적 비호감 요소	☐
(3) 내부	– 인테리어 퀄리티	☐
	– 매장 면적(추정)	☐
	– 주방 면적(추정)	☐
	– POS 개수	☐
	– 서비스 호감 요소	☐
	– 서비스 비호감 요소	☐
	– 인기메뉴	☐
	– 부진메뉴	☐
(4) 가격 정보	– 시장가 대비 고가	☐
	– 시장가 대비 저가	☐
	– 할인정책	☐
	– 판매상품의 호감 요소	☐
	– 판매상품의 비호감 요소	☐

나. 교차로

〈참고 도표 1〉은 서울 역삼동의 사거리다. 보통 입지를 구성하는 조건에서 사거리의 코너 각지는 업종을 가리지 않고 선호하는 요소다. 그래서 초보 창

체크리스트 참고 도표 1 : H설렁탕 브랜드 핀서베이 사례

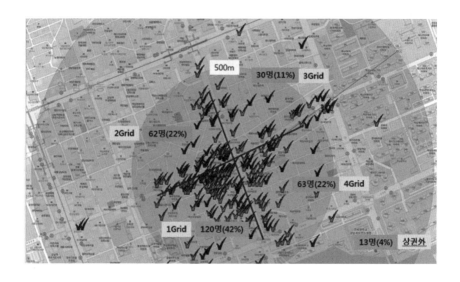

업자들은 사거리를 구성하는 도로의 폭이나 진 · 출입 차량의 속도 등 세부 요소까지 감안하지 못하고 막연하게 선택하는 경우가 많다. 실제 위의 사례 조사를 통해 도출한 결과는 교차로에 대한 다각적인 해석의 여지를 보여준다.

우선 출점지를 1Grid로 기준하고, 시계방향으로 1회 횡단을 하는 장소를 2, 3, 4Grid로 정의했다. 도표에서 보듯 가장 직관적으로 보이는 내용은 '도로 횡단 여부에 따른 내점율의 차이가 크다'는 점이다. 결과상으로는 1회 횡단 시마다 내점의 총량이 50%씩 감소했다. 점포를 기준으로 대각선 맞은편의 고객은 내 고객이 아닐 수 있다는 해석을 할 수 있는 부분이다. 아울러 전체 표본 중 300미터 이내에서 내점하는 비율이 약 80%에 육박했다. 하지만 500미터까지 확대해서 보았을 때도 교차로 횡단 횟수에 다른 내점 비율이 유지되는 것으로 나타났다. 이를 통해 점포가 위치한 블록 안에서, 장거리까지 전단을 배포하는 것이 조금 더 합리적인 홍보방식일 수 있다는 결론을 낼 수 있다.

다. 업종별 경쟁 및 궁합 요소

신당동 떡볶이 거리, 인천 만석동 쭈꾸미거리, 왕십리 곱창거리 등 특색을 갖춘 단일메뉴를 다루는 식당들이 모여 있는 상권들이 있다. 장사를 해보지 않은 사람들도 저마다 한마디씩 거들 수 있는 요소이기도 하다. '잘 되는 가게 옆에 비슷한 메뉴로 오픈하면, 중간은 한다'는 속설도 있고, '최대한 경쟁 점포가 적은 곳에 오픈하면, 상권에 무혈입성 할 수 있다'고 이야기하는 컨설턴트도 있다. 어떤 것이 좋은 선택인지는 창업하고자 하는 업종마다 다를 것이고, 점주의 운영 능력에도 영향을 받을 수 있다.

용인 수지의 M양고기 전문점은 지역의 맛집으로 자리 잡은 오래된 가게다. 이 가게가 미디어의 조명을 받고 손님이 몰리기 시작하자, 인근에 크고 작은 양고기, 훠궈 전문점이 우후죽순으로 자리 잡기 시작했다. 이렇게 골목이 '양고기, 훠궈 거리'로 구색을 갖춰나가던 초기에는 전반적으로 상호 간의 매출 간섭 없이 상승 효과가 있었다. 하지만 같은 메뉴를 다루는 경쟁 점포의 수가 시장의 수요 임계를 넘어서는 수준에 다다르자, 상권 전체가 동반 침체를 겪기 시작했다. 상대적으로 경쟁력이 떨어지는 가게들이 하나둘 폐업을 하면서, 거리의 전체적인 활력이 낮아지게 되고 고객들이 피부로 느끼는 분위기도 좋지 않게 된 케이스다.

라. 유동 인구와 집객 시설

프랜차이즈 기업의 상권 분석 담당자들이 요긴하게 쓰는 자료 중 하나가 〈서울 유동 인구 조사 보고서〉다. 2009년부터 서울시가 매해 발표하고 있는 이 자료는, 이동통신사가 발표하는 기지국 간 전환 수나 카드사에서 발표하는 카드 결제 빈도 등과는 차별화된 형태의 접근을 통해 값을 도출하고 있다. 특히 검색 조건별로도 데이터를 출력해서 볼 수 있기에 상권 조사에 좋은 도구가 된다. 유동 인구 데이터를 볼 때 중점적으로 봐야 할 것은, 단순 통행량이 아니다. 이는 가게 인근을 목적을 가지고 지나는 고객과 단순히 지나가는 고객을 구분해주지 못한다. 그러므로 유동 인구는 얼마나 반복적으로 유동이 일어나는지 그 패턴을 읽어낼 수 있어야 한다.

체크리스트 참고 도표 2 : 서울 유동 인구 조사 보고서

조사점	행정구	행정동	매일통행	주 3회 이상	주 1~2회	월 1~2회	반기 1~3회	첫방문
강남역 10번출구	강남구	서초동	90%	10%	0%	0%	0%	0%
문정1동 주민센터	송파구	가락동	35%	25%	20%	5%	0%	15%

먼저 송파구 문정동 주민센터 앞을 보면, 주 3회 이상 (주말을 제외한다고 보면) 거의 매일 반복적으로 그 앞을 지나는 유동 인구의 비율이 거의 100%다. 반대로 강남역 10번 출구의 경우 반복적인 유동 인구의 비율이 60% 수준이다. 이 결과를 보면 문정동 주민센터 앞에서 성과를 낼 수 있는

업종과 강남역에서 퍼포먼스를 낼 수 있는 업종을 구분해서 적용할 수 있다.

아울러 이와 같은 유동을 발생시키는 집객 시설, 혹은 방문 목적지를 함께 조사하는 것도 매우 큰 도움이 된다. 기준 입지 앞을 지나는 사람들의 방향이나 옷차림, 주로 들고 다니는 쇼핑백의 브랜드, 시설명, 주변 핫플레이스 등을 조사해서 총체적으로 분석해보면 보다 나은 입지와 업종 선택에 도움이 될 것이다. 운영을 할 업종을 결정하려면 이와 같이 반복적인 유동을 일으키는 핵심 고객을 특정할 수 있어야 한다. 그렇게 되면 해당 지역에서 수요 대비 공급이 부족한 업종을 파악해 사업 기회를 포착하는 기준을 가질 수 있게 된다.

마. 점포의 전면 노출 길이

우리가 흔히 '랜드마크'라 칭하는 건물이나 구조물의 특징에는 어떤 것들이 있을까? 가장 큰 요소는 시각적인 요소다. 해당 랜드마크의 시인성이 좋을 때, 사람들은 반복적으로 그 시각정보에 노출되게 되고 자연스럽게 해당 입지를 반추하게 된다.

점포 선택 과정에서 도로에 접한 면은 그 가게의 이마라고 할 수 있다. 얼굴의 심미를 구성하는 요소는 저마다 다르게 이야기할 수 있지만, 이마는 얼굴의 전체적인 인상을 좌우하는 얼굴의 최상단에 위치한 부위다. 가게의 내부가 아무리 넓더라도 전면 노출 길이가 좁으면, 외부에서는 그 가게의 크기를 가늠하기 어렵다. 아울러 가게 내부를 들여다볼 수 있는 창문에서 보여지는 분위기나 인테리어는 그 가게의 방문 여부에 직접적으로 작용하는 요소이기도 하다.

고객을 사로잡는 '맛'에 필요한 두 가지 성질

한식의 다각화를 통한 메뉴 비틀기

외국인 지인이 한국을 방문하여 관광을 시켜줄 일이 생겨 종로와 명동을 가기로 하였다. 인사동을 지나 종로 피아노거리를 거쳐 청계천을 따라 무교동, 명동 쪽으로 이동하며 관광을 시켜주던 중 지인이 "한국에는 식당이 참 많아 보인다. 다 장사가 잘되느냐"고 물었다. 그걸 내가 어떻게 다 알겠느냐고 웃으며 대답하고 나서 새삼 생각해 보니 한국에는 참 많은 식당이 운영을 하고 있다. 이들 중 대부분은 한식당으로 분류되는 업종이다. 외국인들이 한국에 와서 식문화를 접하면서 한국에 대한 이미지를 한식으로 떠올리는 것도 이러한 영향이 있지 않을까 싶다. 문체부에서 2018년 외국인들을 대상으로 대한민국 국가 이미지를 조사한 자료에 따르면 우리나라의 대표 이미지로 '한식(40%)'을 가장 많이 떠올렸다.

2018년에 주아르헨티나 한국문화원과 함께 부에노스아이레스에서 한식페스티벌을 진행한 적이 있었다. 그때 당시에는 아르헨티나의 수도인 부에노스 아이레스에서 한식을 접하려면 한국 이민자들이 모여 살던 시내에서 1시간 정도 떨어진 외곽 쪽의 한인 타운을 가야 맛볼 수 있었고, 현지인들의 한식에 대한 인지도는 낮은 편이었다. 주재문화원에서는 한식을 더욱 알리기 위해 한식페스티벌을 기획하였고 그 결과는 대성공이었다. 5성급 호텔과의 협업으로 진행된 한식페스티벌은 VIP들을 위한 갈라디너와 일반인들을 위한 한식 뷔페로 나뉘어서 진행되었는데 현지 물가의 2~3배 정도 되는 금액의 한식뷔페 티켓이 오픈한 지 하루 만에 다 매진이 되었던 것이다.

당시 한식 뷔페에 온 손님 중 80%는 현지인이었다. 한식 뷔페를 찾은 손님들에게 한식을 먹어본 적이 있냐고 물으면 대부분 한식이 처음이라고 답했다. 그들은 한식이 건강한 음식이라고 인지를 하고 있었다. 육류 위주의 식단을 하는 현지인들에게 한국식 갈비찜과 삼계탕은 큰 인기를 끌었고 갖은 채소와 나물로 구성된 비빔밥은 건강을 위한 식단으로 아주 매력적이었다. 현재 부에노스 아이레스에서는 시내 중심가에 한식레스토랑과 퓨전 한식점이 성황을 이루고 있다. 이러한 한식의 인기는 한류 열풍을 빼놓고 이야기할 수 없다. K-pop 아이돌의 인기가 현지 주요 언론에 꾸준히 언급이 되고 한국 문화에 대한 관심이 높아지면서 자연스레 한식의 인기도 상승 중이다. 넷플릭스나 유튜브를 통해 한국 드라마와 영화 등 한국 콘텐츠를 접하면서 기존에 한식의 고정 이미지인 불고기, 비빔밥, 김치가 아닌 일상적인 한국의 음식에도 관심을 두는 것이다.

한류 열풍 덕에 인기를 누리는 한식은 대만에서도 찾아볼 수 있다. 국내에서 큰 인기를 끌었던 드라마《별에서 온 그대》가 대만에 수출이 되어 현지에서도 천송이와 도민준 앓이를 하며 큰 인기를 누렸다. 이에 대만 현지에서는 극 중 주인공인 천송이가 즐겨 먹던 '치맥'이 대박이 났다. 대만에서는 주로 치킨, 즉 튀긴 닭이라고 하면 지파이^{대만식 치킨까스, 길거리 음식} 또는 KFC 같은 미국식 켄터키 후라이드 치킨처럼 조각으로 판매하는 치킨을 떠올렸지만, 닭 한마리를 다 튀겨서 치킨 양념에 버무려 먹는 한국식 치킨은 시도되지 않았던 것이다. 또한 치킨이 인기를 끌었던 것은 치킨과 맥주의 조합이다. 드라마에서 주인공이 치맥을 먹는 영상으로 치킨과 맥주에 새로운 조합과 치킨을 한 마리를 다 튀겨서 준다는 새로운 접근법으로 대만에서는 치킨하면 한국식 치킨을 떠올릴 정도로 대만 내에서 치킨의 이미지가 변화하였다.

이러한 해외에서 한식의 성공을 보면 단순히 한식 자체를 고집하는 것이 아닌 한식의 현지화, 현지의 식단을 고려한 기존 한식 장점의 부각, 새로운 메뉴 조합 등이 사람들에게 신선함을 주었기 때문이다. 이러한 상황은 국내에서도 확인할 수 있다. 최근 양식 조리기법에 한식 재료를 사용한 한식 다이닝들이 큰 인기를 끌고 있고 떡볶이나 닭볶음탕 등에 곱창을 넣어 젊은 세대들에게 인기를 끌고 있는 등 이제는 새로운 메뉴에 대한 니즈가 생겨나고 있다.

프랜차이즈 상위 3대 업종은 편의점, 한식, 치킨집이다. 편의점을 제외하고 한식 업종의 출점률이 가장 높다. 국밥, 설렁탕, 찌개 같은 평범한 한식이 아닌 포인트를 잡아 비틀어 내는 메뉴를 만들어야 한다. '누구나 편하고 평범하게 식사할 수 있는 메뉴가 필요한 것 아니냐'고 반문할 수 있다. 하지만 그런 편하고 평범하게 식사할 수 있는 메뉴는 이미 우리 주변에 넘쳐나고 있다. 이제는 프랜차이즈 메뉴에서도 흔히 접할 수 있는, 누구나 알고 있는 한식이 아닌 조금은 다른 한식, 한식의 다각화가 필요한 시점이다.

창업 전 확고한 메뉴 선택은 필수

수많은 음식 관련 프로그램 중《골목식당》이라는 프로그램을 즐겨 본다.《골목식당》은 더본코리아의 백종원 대표가 식당들의 문제를 찾아 해결 방안을 제시하고 더 나은 메뉴로 거듭날 수 있게 도와주는 프로그램이다. 그 프로그램 중 가장 기억에 남는 식당이 있는데 국수를 파는 식당이었다. 그 국숫집의 사장님은 국숫집으로 대박이 난 지인의 권유로 업종을 변경하게 되었다고 했다. 원가를 무시한 메뉴 레시피, 손님들을 대하는 사장님의 태도, 국수의 양 등 이 매장의 문제점은 많이 있었다. 하지만 가장 큰 문제점은 바로 사장님의 '저는 국수를 좋아하지 않아요'라는 한마디였다. 국수를 좋아하지 않는 사람이 어떻게 맛있는 국수를 만들 수 있을까? 이것은 메뉴의 진정성과도 직결되는 문제이다.

창업을 결심할 때 제일 많이 고민하게 되는 부분은 당연히 어떠한 메뉴를 판매할지에 대한 문제일 것이다. 메뉴의 선택은 매장의 위치, 타깃 마켓, 판매의 형태 등 많은 요소에 따라 달라지게 되는데, 이 많은 요소 중 가장 중점을 두어야 하는 것은 본인의 확고한 의지이다. 본인이 좋아하고 맛있게 생각하는 음식을 만들 때도 다른 사람이 좋아할까 말까 하는 부분의 문제인데 본인이 원하지 않고 좋아하지도 않은 음식을 만든다면 그 마음은 음식에 고스란히 반영된다.

메뉴 선택의 중요성은 메뉴 컨설팅 사례에서도 알 수 있다. 한남동의 한 음식점 컨설팅을 의뢰받았을 때의 일이다. 의뢰인은 원래 요식업 쪽의 일을 하시던 분이 아니었는데 본인이 하는 사업과 요식업을 병행하고 싶어서 프랜차이즈 고깃집을 운영하고 있다고 하였다. 그는 프랜차이즈가 아닌 본인의 매장을 오픈하기 원했고 메뉴로 프리미엄 소고기를 택했다. 하지만 매장을 계약한 건물의 건물주가 고깃집은 안된다고 하여 의뢰인은 메인 메뉴를 해물탕집으로 메뉴를 변경하였고, 그에 맞춰 프리미엄급의 해물탕과 그에 맞는 사이드 메뉴 등 10가지 정도의 메뉴를 제안하였다.

의뢰인은 고기 메뉴를 넣고 싶어 하였지만 프리미엄급의 매장일수록 메뉴의 정체성과 진정성을 위해 메뉴의 다양화는 추천하지 않아 고기 메뉴는 배제하게 되었다. 작업을 끝내고 순조롭게 오픈을 마친 후 3개월 뒤 퀄리티 체크를 위해 매장을 다시 방문하였을 때는 그 매장을 찾아볼 수 없었다. 업종을 고깃집으로 변경한 것이다. 여기서 메뉴 선택의 중요성을 다시 한번 느낄 수 있었다. 의뢰인은 원하던 고기라는 아이템을 버리지 못하고 결국에는 다시 처음부터 다시 시작하는 것이다.

이것은 흔히 창업 초보자가 행하는 실수 중 하나이다. 사업을 시작할 때 막연하게 요식업을 하겠다가 아닌 내가 어떤 음식을 판매하겠다는 기본적인 틀이 갖춰져 있어야 한다. 상황에 따라서 그 음식을 못하게 되었다면 그 변경된 음식에 대한 적극적인 태도를 다시 갖춰야만 성공할 수 있는 확률을 높일 수 있다.

메뉴의 TPO

흔히들 옷을 잘 입으려면 TPO에 맞추기만 하면 중간은 간다고 한다. TPO는 패션업계가 마케팅 세분화 전략에 의해 강조한 것인데 시간^{time}, 장소^{place}, 상황^{occasion}에 따르라는 것을 의미한다. 옷차림은 크게 집이나 여가에 맞게 편하게 입는 캐주얼 웨어와 회사에 갈 때나 격식을 차려야 하는 자리에서 입는 오피셜 웨어로 나눌 수 있다. 결혼식장에 간다고 생각해보자. 집에서 입는 목이 늘어난 티셔츠와 편한 트레이닝 바지를 입고 결혼식에 간다면 생각만 해도 아찔한 상황이 벌어질 것이다. 반대로 집에서 쉬고 있는데 출근할 때 입는 정장 차림으로 있다면 한시도 편하지 않은 휴식시간을 즐기게 될 것이다. 외식 업종에서 메뉴를 기획할 때도 마찬가지이다. 시간, 장소, 상황을 고려하여 메뉴를 기획한다면 성공할 확률이 높아진다.

시간: 시간을 고려하여 메뉴를 기획할 때는 크게 아침, 점심, 저녁으로 나눌 수 있다. 옛 속담 중에 '아침은 황제처럼 점심은 정승처럼 저녁은 걸인처럼 먹어라'는 말이 있는데 바쁜 현대사회에서 아침을 황제처럼 먹는

일은 쉽지 않다. 오히려 아침을 걸인처럼 먹은 일이 다반사다. 이러한 상황에 맞춰 아침 식사메뉴는 토스트, 김밥, 죽, 과일, 요거트처럼 간단하고 무겁지 않은 메뉴가 제격이다. 점심 식사는 비빔밥, 국밥, 햄버거, 샌드위치처럼 빠르고 영양이 충분히 포함되어 있는 식사메뉴가 좋다. 저녁 식사는 한국인들이 가장 잘 챙겨 먹는 한끼다. 술을 곁들일 수도 있는 안주 메뉴도 함께 준비하는 것이 좋다.

장소: 메뉴를 기획할 때 장소는 주거 지역, 상업 지역처럼 주변의 환경에 따라 나눌 수 있다. 먼저 주거 지역에서의 창업을 계획하고 있다면 주거하고 있는 사람들의 소비 패턴을 파악해야 한다. 소비 수준에 따라 음식에 소비하는 금액이 달라지고 그에 맞춰 메뉴의 단가를 조절하여 어떤 종류의 메뉴를 기획할 것인지 생각해야 한다. 주거하고 있는 사람들의 주거 형태 또한 중요하다.

1~2인 가구들이 주로 살고 있는 지역이라면 메뉴의 포션을 줄이고 3~4인 가족처럼 아이와 함께 거주하고 있는 지역이라면 아이들과 외식이 편할 수 있는 메뉴를 만들어야 한다. 상업지역에서는 기업의 형태를 파악해야 한다. 서울을 기준으로 종로나 강남, 여의도처럼 대형 회사들이 밀집해 있는 지역인 경우 점심 메뉴는 1인부터 4인 테이블 정도로 회전율이 빠른 메뉴를 구상해야 한다. 공장들이 밀집되어 있는 상권의 경우 4인 이상의 손님들을 한번에 받을 수 있는 메뉴를 기획하고, 이때 메뉴의 개수를 늘리는 것 보다 1~2개의 메뉴들을 깊이 있게 만드는 것이 회전율을 높이고

소비자들의 선택에 드는 노력을 줄일 수 있다.

상황: 현재 트렌드나 날씨, 국내 외 상황들은 메뉴 기획에 영향을 준다. 계절성에 맞는 시즌메뉴는 재철 식자재의 사용으로 원가를 절감하고 소비자들의 이목을 끈다. 사회적인 분위기도 메뉴를 만들 때 고려해야 할 상황이다. 지구온난화 등 환경 문제가 대두되는 시점에서 탄소배출을 최소화하는 지속 가능한 방법으로 재배되거나 사육되는 재료를 사용한다면 소비자들의 공감을 얻을 수 있다. 하지만 상황은 시간과 장소와는 다르게 시시각각 변화폭이 크므로 매장의 주력메뉴를 상황에 맞춰 기획한다면 그 상황이 지나고 나면 판매율이 부진해질 수 있다. 따라서 그 트렌드가 얼마나 지속될지, 매장에 적용시켰을 때 어느 정도 유지가 될지 등을 고려하여 메뉴를 구상해야 할 것이다. 이에 유행에 민감한 재료나 조리법은 주력메뉴 이외의 한시적인 메뉴로 구성하여 판매한다면 시시각각 변하는 상황에 빠른 대처가 가능하고 이는 곧 매출 상승으로 이어진다.

TPO에 따른 메뉴 기획

시간	아침	간단하고 무겁지 않은 메뉴
	점심	빠르고 영양이 충분히 포함되어 있는 메뉴
	저녁	술을 곁들일 수도 있는 식사 및 안주 메뉴
장소	주거 지역	주거하고 있는 사람들의 소비수준과 주거형태를 파악해야 함
	상업 지역	기업의 형태를 파악하여 그에 맞는 테이블 배치와 메뉴 구성 필요
상황	시즌 메뉴	계절성에 맞는 메뉴를 한정 기획하여 메뉴의 구성을 확장
	트렌드	유행에 민감한 재료나 조리법은 한시적인 메뉴로 구성

자 그럼 TPO에 따라 메뉴를 기획해보자. 사무실이 많은 상업지역에서 점심, 저녁 장사를 할 때 어떠한 메뉴를 만들면 좋을까? 먼저 점심 메뉴의 경우 근처 사무실들의 점심시간 동향을 파악해야 한다. 보통 11시 30분부터 1시까지의 점심시간을 갖는다고 가정하면 장사 준비는 11시까지 끝내야 하고, 정해진 시간 내에 회전율이 빨라야 하므로 서빙과 식사가 빨리 이루어질 수 있는 메뉴여야 한다. 여기에 상업 지역에서는 1인이나 2인 위주의 식사가 많으므로 간단하고 저렴한 사이드 메뉴를 추가 구성하면 매출상승으로 연결된다. 또한 여름이나 겨울 상황에 맞는 메뉴를 시즌 메뉴로 추가한다면 다양한 메뉴 조합으로 손님들의 재방문율을 높일 수 있다. 저녁의 경우 회식이나 모임들이 많으므로 술과 함께 먹을 수 있는 메뉴를 구상하면 좋다. 이때 저녁 메뉴의 주재료를 점심 메뉴와 통일해야 매장의 전체적인 컨셉 유지와 재료원가 절감에 도움이 된다.

진정성에 호소하는 음식

스텔스 마케팅, 게릴라 마케팅, 앰부시 마케팅 등 수많은 기존의 마케팅은 더 이상 밀레니얼 세대에서는 통하지 않는다. 밀레니얼 세대는 기성세대와는 다르게 가심비를 따지고 SNS 등을 통해 기업과 실시간으로 소통하며 제품을 판단한다. 비단 밀레니얼 세대뿐만 아니라 요즘 소비자들은 일반적인 마케팅으로는 반응하지 않는다. 그렇다면 소비자들의 구매욕을 일으키는 것은 무엇일까? 바로 브랜드의 진정성이다. 2000년대 들어 가속화된 기술의 발달로 진정성에 대한 수요는 크게 증가하는 추세다. 이러한 기술의 발달로 온라인망이 열렸고, 소비자들은 기업들과 소통할 때 키오스크, 메일, ARS 등 기계와 접촉하는 일이 더 늘고 있다. 이렇게 인간과 기계 또는 기계와 기계의 커뮤니케이션이 이루어지면서 사람들은 진정성을 요구하게 되었다.

그렇다면 사람들은 진정성을 어디서 느껴야 할까? 외식업계에서의 '진정성'이란 무엇일까? 제임스 길모어와 조지프 파인은 진정성을 5가지 영역으로 분류하였다.

구분	자연성	독창성	특별함	연관성	영향력
키워드	자연스러운 소박한 천연재료를 사용한 수수한 가공되지 않은	원조, 최초 오래된 새로운 고유의 획기적인	특별한 비범한 의외의 개별적인 친밀함 진심의	매혹적인 경외하는 실제의 진짜 같은 과거의 추억의	자아 사회 환경 예술 감동적인 바람직한

기업이나 매장에서는 위의 5가지 진정성의 영역 중 하나에만 집중해 진정성을 호소할 수도 있으나, 한가지 영역만으로는 소비자들을 매혹하는 브랜드로 인식되기란 매우 어렵다. 소비자는 자신과 잘 부합하는 상품이나 서비스에만 진정성을 인식하고 지갑을 열기 때문에, 소비자의 욕구와 니즈를 충족시킬 수 있는 수단을 잘 조합해서 여러 영역의 진정성에 호소해야 효과적인 마케팅이 될 수 있다.

그렇다면 효과적인 진정성 마케팅을 위한 메뉴들은 어떻게 만들 수 있을까? 이미 우리는 많은 식당에서 진정성을 느끼는 메뉴를 찾을 수 있다. 주로 한식당들은 독창성과 연관성에 호소하고 있다. 종로3가 보쌈골목, 남대문시장 갈치조림 골목, 장충동 족발 골목 등 우리가 흔히 얘기하는 먹자골목은 한 식당의 성공에 뒤이어 주변 다른 식당들이 메뉴를 변경한다던가, 흩어져 있던 노포들이 한곳에 모여 음식특화 거리를 형성한 것을 말한다. 소비자들은 여기에서 30~40년째 같은 비법을 간직해온 맛의 고수들의 역사를 느낄 수 있다. 이러한 먹자골목을 찾는 소비자들은 역사와 원조의 맛 즉, '독창성'에 이끌려 찾아온다. 여기에 음식을 만드는 주인이 연세가 많이 드신 분이라면 더욱 과거를 회상하게 되고 이는 '연관성'까지 자극하는 것이다. 타지에서 혼자 생활하는 소비자가 집에서 해주던 밥맛을 느끼고 과거와 추억을 회상하게 하는 것이다.

실제로 한식이라는 메뉴는 한국사람들에게 기본적으로 '연관성'이라는 영역에서 소비자에게 다가간다. 여기에 '특별함'을 더한 사례로 한식다이닝을 볼 수 있다. 한식 다이닝에서는 한식 식재료와 양념을 서양식 조리법과 플레이팅으로 평소 접해보지 못한 특별한 맛을 선사한다. 여기에 환경을 생각하고 자연에서 순수하게 얻을 수 있는 재료를 사용한다면 '자연성'과 '영향력'의 영역의 진정성까지 소비자들에게 어필할 수 있다.

이러한 진정성 있는 메뉴들은 프랜차이즈 매장에서도 찾아볼 수 있다. 30년 김치 제조 전문기업에서 론칭한 한 김치찌개 전문식당은 100% 국내산 배추와 30년 비법으로 제대로 숙성시킨 최상의 묵은지로 고객들에게 신선한 먹거리를 제공하며 '독창성'과 '자연성'에 호소했다. 마찬가지로 웰빙 피자로 유명한 한 피자 프랜차이즈는 100% 자연산 치즈와 건강한 국내 특산품을 재료로 사용하여 '자연성'과 '독창성'을 호소하고, 기존에 반반 피자 정도로 2가지 맛이 아닌 한판에 4개 이상의 여러 가지 맛을 담은 멀티 피자로 '특별함'까지 더해 꾸준히 사랑받고 있다.

이처럼 업계에서는 다양한 방법으로 진정성을 호소하는 메뉴들을 만들어내고 있다. 하지만 이러한 새로움은 또 다른 모방 레시피로 인해 금방 사라지기 때문에 새로운, 신선한 아이디어로 소비자들을 매혹시켜야 할 것이다. 모방은 창조의 어머니라고 한다. 하지만 단순한 모방은 실패로 향하는 가장 빠른 지름길이다. 트렌드를 쫓아 잘되는 메뉴를 따라하는 것은 그저 나쁜 것은 아니다. 유행에 따라 소비자들의 욕구의 니즈를 충족하면서 자신만의 '진정성'을 담아 새로운 메뉴를 만들어 개척하여야 할 것이다.

성공률을 높이는 맛의 일관성

성공률을 높이는 메뉴를 만드는 방법 중 가장 중요한 포인트는 맛의 일관성이다. 아무리 맛이 있는 메뉴라도 그 맛이 일정하지 않다면 손님들의 발길이 떨어지기 마련이다. 특히 사람들이 프랜차이즈 음식점을 찾는 여러 가지 이유 중 가장 큰 이유는 매장마다 같은 맛을 기대하기 때문인데, 그 브랜드가 가지고 있는 이미지와 일관성 있는 맛이 가치를 가지는 것이다. 보통 요식업의 경우 새로운 음식점에 대한 사람들의 기대심리를 자극해 오픈효과를 볼 수 있다. 하지만 재방문 시 매장에 처음 방문했을 때 원하던 맛을 얻지 못한다면 소비자들은 더 이상 매장을 찾지 않고, 폐업까지 가는 길은 아주 빠르다. 이처럼 맛의 일관성은 매장의 존속과 아주 밀접한 관계를 가지고 있다.

그렇다면 맛의 일관성을 위한 방법에는 어떤 것이 있을까? 그것은 아주 간단하다. 바로 모든 메뉴를 레시피화시키고 그 레시피를 매번 따르는 것이다. 이렇게 간단한 일을 창업하는 사람들은 간과하고 있다. 레시피를 만들지 않고 우를 범하는 경우는 주로 초보 창업자들에게서 발견되는 현상인데 '내가 음식을 잘하니까' '내가 만드는 음식은 매번 맛있으니까' 이러한 생각에서 레시피의 필요성을 느끼지 못한다.

실제로 레시피를 만든다는 것은 아주 간단하지만 생각보다 귀찮은 일이다. 하지만 현대 소비자들은 매우 냉정하다. 여전히 요식업은 개인사업 중 창업률 1위이고 폐업률 또한 높다. 이처럼 수많은 음식점과 경쟁해야 하는 이 상황에서 한번 떠나버린 손님의 발걸음을 되돌리는 것은 아주 힘든 일이다. 일관적인 맛을 내며 꾸준한 손님들의 방문을 위한 레시피는 선택이 아닌 필수이다.

레시피를 만들 때 중요한 포인트는 계량 도구의 일관성이다. 주로 계량스푼이나 계량컵 등 정량화된 도구를 사용하는 것이 좋으나 도구가 없을 때는 주로 사용하는 컵이나 스푼, 대접 등을 사용해도 된다. 레시피에 표기하는 단위도 중요하다. 계량컵을 사용하는 경우 리터[L]를 사용하여 표기하고 계량스푼을 사용할 때는 테이블스푼[T], 티스푼[t] 등을 사용하여 단위의 혼선이 없어야 한다. 대량 양념류를 만들 때는 대접이나 컵 등의 큰 유닛의 도구를 사용하거나 무게 범위가 높은 저울을 사용하는 것이 편한데, 이때 후추나 생강가루 등 소량이 들어가야 하는 가루류는 무게로 재서 넣을 시 1그램 단위의 계량이 어려울 수 있으므로 소형 스푼을 사용하여 그 단위를 레시피로 사용하는 것이 편리하다.

레시피를 만들 때 계량도구 만큼이나 중요한 것은 재료의 일관성이다. 한식을 기준으로 많이 사용되는 장류[고추장, 된장, 간장]의 경우 시중에 나와 있는 브랜드의 수만큼이나 다양한 맛을 낸다. 따라서 처음 레시피에 사용했던 브랜드의 재료가 아닌 다른 브랜드의 재료를 사용한다면 같은 양으로 계량을 했더라도 맛은 달라진다. 이는 양식의 재료도 마찬가지다. 양식에서 기본 베이스 육수인 스톡을 만들 때 매장에서는 주로 시제품을 사용하게 되는데 이러한 제품들도 그 브랜드마다 맛이 다르다. 맛의 기본 간을 하는 소금의 경우 그 종류와 브랜드에 따라서 염도가 다르고 미세한 맛의 차이가 있다. 소량으로 살짝 간을 하는 경우에는 크게 맛에 변화를 일으키지 않지만, 대량 양념장을 만들 때는 소금의 브랜드나 종류에 따라 그 맛이 크게 변하므로 모든 재료는 항상 동일 브랜드의 같은 제품을 사용해야 할 것이다.

프랜차이즈 매장의 경우 요식업 쪽에 종사하지 않았던 사람들도 쉽게 창업할 수 있는 이유는 획일화된 레시피에 있다. 프랜차이즈 본사에서는 정해진 레시피를 제공하고 사전 교육을 하면서 모든 매장의 맛을 균일하게 유지를 시키는데, 간혹 맛의 매장차가 크게 느껴지는 브랜드들이 있다. 치킨집을 예로 들어보겠다. 치킨은 특정한 하나의 브랜드만 먹는 충성고객이 높은 브랜드에 속한다. 프랜차이즈 치킨집의 경우 대부분 거의 비슷한 맛을 내고 크게 차이를 느끼지 못하지만 간혹 매장마다 맛이 다른 경우도 있다. 보통 치킨 프랜차이즈가 본사에서 납품받는 재료 중 치킨을 튀기기 위한 재료는 생닭과 치킨파우더, 기름이다. 제공받는 레시피는 치킨파우더에 정량의 물을 넣고 절단된 닭을 잘 버무려 적정한 온도의 기름에서 정해진 시간 안에 튀기는 것이다. 그렇다면 여기서 맛이 달라질 수 있는 요인은 몇 가지가 있을까?

1. 닭의 신선도
2. 치킨파우더와 물의 비율
3. 기름의 산패 정도
4. 기름의 온도

위에 제시된 4가지 중 한 가지만 달라지더라도 본사에서 광고하는 치킨의 맛은 달라질 수 있다. 재료의 보관이 잘못되어 신선도가 떨어진 닭의 사용, 치킨파우더에 계량하지 않은 물을 임의로 넣어 만든 반죽, 기름을 제때 갈지 않아 산패된 기름, 너무 낮거나 높은 온도의 기름처럼 레시피를 제공받고 같은 재료를 사용하더라도 어떻게 보관하고 조리하느냐에 따라서도 다른 결과를 낼 수 있는 것이다. 이는 비단 치킨집뿐만이 아니다. 많은 프랜차이즈 본사에서는 가맹을 내고 난 후 사후관리가 제대로 되지 않아 가맹점은 물론 본사의 이미지까지 떨어트리는 일이 다반사다. 개인 음식점뿐만 아니라 프랜차이즈에서도 획일화된 레시피와 지속적인 QC^{Quality Check}는 안정적인 매장 운영을 위한 필수 요소이다. 매장의 메뉴들을 지속적으로 균일하게 유지하기 위해 레시피 작업은 필수 불가결한 일이다.

성공하는 기업의 PR 전략

프랜차이즈 기업에게 있어 미디어 PR은 선택일까 필수일까? 이 질문에 답하기에 앞서 기업들이 왜 미디어 PR을 하는지를 살펴볼 필요가 있다.

'미디어media'는 '정보를 전송하는 매체'로 신문, 방송, SNS, 유튜브 등 정보를 전달하는 모든 수단을 총칭한다. 이처럼 넓은 의미에서 보면 미디어 PR을 진행하지 않는 기업은 거의 없다고 해도 과언이 아닐 것이다. 다시 말해 극히 드문 경우를 제외하고는 대다수의 기업들이 크고 작은 PR 활동을 다양한 미디어를 동원해 진행하고 있다고 볼 수 있다.

그렇다면 PR은 무엇일까. PR은 Public Relation의 약자로 '대중과의 관계'를 말한다. 즉, 모든 관계를 맺는 커뮤니케이션이자 상호작용으로, 이해 당사자들과의 수많은 변수가 존재할 수 있다. 퍼블리시티, 이벤트, 프로모션, 캠페인, 체험 마케팅 등 PR의 개념은 너무나 광범위하다. 어떤 조사에 의하면 자의든, 타의든 하루 동안 'PR' 활동에 노출되는 수는 평균 2,000개에 달한다고 한다.

이처럼 현대인들은 PR의 홍수 속에서 산다고 해도 과언이 아니다. 치열한 PR의 세계에서 기업들이 살아남으려면 '대중의 마음을 움직이는 기술'이 있어야 한다. 기업들이 미디어 PR을 하는 궁극적인 목적은 매출 향상이다. PR을 통해 자사 제품이나 서비스를 알리고 고객들로부터 선택을 받고자 하는 것이 최종 목적이라 할 수 있다. 효율적인 PR 수단으로 어떤 매체를 이용할지는 기업이나 브랜드 특성에 맞춰 선택할 영역이다. 어떤 기업은 언론이 최적의 홍보 수단일 것이고, 또 어떤 기업은 블로그, 페이스북, 인스타그램 등의 디지털 마케팅이, 또 어떤 기업은 유튜브가 가장 효율적인 미디어가 될 것이다.

어떤 미디어를 활용할지는 자사 제품과 서비스에 대한 면밀한 분석이 선행돼야 결정할 수 있다. 가령 기업이나 브랜드에 대한 공신력 확보가 가장 중요하다면 언론이 최적의 홍보 채널이다. 소비자들의 체험과 브랜드 경험이라는 관점에서 접근한다면 블로그, 페이스북, 인스타그램 등이 적절하다. 설명보다는 영상을 통한 붐업boom up이 중요하다면 유튜브가 가장 매력적인 홍보 수단이다.

필자가 기업 대표들이나 마케팅, 홍보 실무자들로부터 가장 많이 받는 질문은, PR 관점에서 가장 효율적인 미디어가 무엇이냐는 것이다. 사실, 기업 입장에서 PR 예산이 넉넉하다면 하나의 채널만 선택하는 것보다 언론, SNS, 유튜브 등 정보 전달이 가능한 매체를 다 활용하는 것이 좋다. SNS,

유튜브 등은 불특정 다수에게 노출되는 미디어이고 언론은 특정 브랜드와 제품, 서비스를 '우연히' 접하게 된 고객들이 더 많은 정보를 얻고자 할 때 이용하는 채널이기 때문이다. 대부분의 소비자는 블로그, 키워드 광고, 유튜브 등을 통해 알게 된 정보를 뉴스 검색을 통해 자세하게 분석하는 경향을 보인다. 이런 정보 습득 패턴에 맞춰 단계별 PR을 진행한다면 매출 향상이라는 PR의 최종 목적을 달성하는 데 실패할 확률이 적어진다.

그렇다면 모든 PR 활동이 매출을 일으키는 것일까. 안타깝게도 PR 활동과 매출 향상이 항상 정비례하지는 않는다. 열심히 PR에 예산을 쏟아부었음에도 매출이 오르지 않는 경험을 많이 해봤을 것이다. 이런 경우 자사 제품, 서비스와 맞지 않은 미디어에 집중하고 있을 가능성이 높다.

효율적인 전달 수단이 무엇인지는 앞서도 말했듯이 자사 제품과 서비스에 대한 정확한 분석이 필수다.

프랜차이즈 기업의 꽃, PR

다른 산업도 마찬가지겠지만 프랜차이즈 기업에게 PR은 기업이 존재하는 한 필수적으로 해야 하는 활동이다. 첫 번째 이유는 날로 심화되는 경쟁이다. 2019년 말 기준 프랜차이즈 브랜드는 6,353개, 가맹점은 25만 4,040개가맹산업 현황이다. 이 중 외식업이 75.4%나 차지한다. 국내 프랜차이즈 시장은 이미 아이템이나 브랜드 포화 상태다. 치열한 경쟁으로 레드오션화되어 가고 있는 프랜차이즈 시장에서 고객들에게 기억되고 선택받기 위해서 PR은 선택이 아닌 필수가 되고 있다.

두 번째 이유는 만연해 있는 업계에 대한 부정적인 인식이다. PR 측면에서 보면 프랜차이즈 기업들은 사면초가에 놓여 있다. 언론, 정치권, 정부, 소비자들에게 질타와 공격의 대상이다. 필자의 클라이언트 대부분은 프랜차이즈 기업이다. 클라이언트의 PR을 대행하면서 가장 안타까운 부분은 소비자들이 기억하는 업계 관련 뉴스 대부분은, 좋은 뉴스보다 좋지 않은 뉴스가 압도적이라는 것이다. 소비자들이 프랜차이즈 기업과 관련해서 접했던 뉴스는 갑질, 가맹본부 폭리, 성추행이나 폭행 등의 오너 리스크 등 부정적인 내용들이다. 심한 경우 부정적인 뉴스를 통해 그 기업과 브랜드를 처음 접했다는 답도 있다. 이는 업계가 좋은 뉴스 생성보다 매출 향상에 집중했다는 방증이다. 이런 경험이 쌓이면 업계 전반에 대한 부정적인 인식으로 굳어질 것은 자명한 일이다.

프랜차이즈 기업이 PR을 하는 데 있어서 또 다른 어려운 점은, 소비자가 둘로 나뉜다는 점이다. 프랜차이즈 기업들의 대상 소비자는 예비창업자, 제품 구매자end user 2개 집단이다. 타 산업계는 대부분 소비자가 구매자로 단일화돼 있다. 하지만 가맹사업을 전개하는 프랜차이즈 기업에게는 예비창업자도 소비자다. 이 소비 계층은 수익률, 창업 비용, 매출 안정성, 브랜드 비전 및 가치, 브랜드 지속 가능성 등에 관심이 많다. 최종 소비자들에게는 다른 산업계와 마찬가지로 제품과 서비스의 품질, 안전성, 맛외식의 경우, 가격 등이 구매를 결정하는 요소다.

따라서 프랜차이즈 기업들은 소비 계층별 PR 전략을 수립할 필요가 있다. 첫 번째 구매자first user인 예비창업자들에게는 자사 브랜드의 안정성과 비전을 알리는 PR 활동이 필요하다. 예비창업자들을 겨냥할 때 가장 효과적인 미디어는 언론이다. 대부분의 기업은 키워드 광고를 가장 많이 활용한다. 주머니 사정이 여유롭지 않은 예비창업자들을 겨냥한 '소자본 창업', 카페, 고깃집, 분식 등 특정 업종으로 유도하기 위해 카페 창업, 고깃집 창업, 분식 창업 등의 키워드 홍보에 주력한다.

키워드 광고는 모든 PR의 첫 관문이기 때문에 키워드 홍보를 활용하지 않는 기업은 거의 없을 것이다. 키워드를 통해 유입된 고객들은 더 자세한 정보를 원하게 되는데, 다음 단계에서 필요한 채널이 바로 언론이다. 언론은 공신력 확보를 위해 가장 효과적인 미디어다. 언론은 소비자들이 광고가 아닌 정보로 인식하는 거의 유일한 채널이다. 언론을 통해 얻은 정보는 실제 구매로 이어질 가능성이 크다. 광고가 아닌 정보로 인식하기 때문에 거부감이 없고 그 정보에 대한 신뢰가 구매로 이어지게 하는 것이다.

최종 구매자들에게는 모든 미디어가 유효하다. 이들은 특정 미디어에 휩쓸리지 않고 자신의 구매나 브랜드 경험을 중요시한다. 물론 브랜드 경험에 앞서 다른 사람들의 영향을 받기는 하지만 광고에 '낚이는 것'을 경계하기 때문에 본격 구매에 앞서 다양한 미디어를 통해 정보를 얻고자 하는 욕구를 갖고 있다. 최근엔 소비 성향이 단순한 정보 습득보다 재미까지 추구하는 경향을 보이기 때문에 흥미를 유발할 수 있는 콘텐츠로 다양한 미디어를 활용하는 것이 좋다. 특히 젊은 소비자들은 재미 요소만 있다면 자발적으로 PR을 해주기 때문에 이들의 특성을 잘 활용한다면 굉장히 훌륭한 홍보 수단이 된다. 젊은 소비자들에게 '재미'라는 요소가 주어지면 그 브랜드는 이제 PR이 아닌 자신들만의 놀이이자 유희가 되어 버린다. 소위 '대박'을 터뜨린 제품들은 이런 경우가 많다. 사례는 뒤에서 더 자세하게 설명할 것이다.

프랜차이즈 기업들의 PR전략 수립

효과적인 PR을 위해서는 최적의 프로세스 수립이 필요하다. 자사 고객은 누구인지, 자사 위치는 어디에 있는지, 최적의 솔루션은 무엇인지, PR 효과를 극대화하려면 어떻게 해야 하는지 등을 먼저 분석한다.

고객이 누구인지가 정해지면 고객의 관점과 소비 욕구를 분석해야 한다. 우리의 위치가 어디에 있는지를 알기 위해선 자사의 핵심 아이템과 경쟁력, 현실적 목표, 주요 경쟁사가 어디인지를 파악한 다음 포지셔닝 전략을 수립해야 한다. 고깃집 프랜차이즈의 예를 들어보자. 고객들이 자사 브랜드를 찾는 이유가 무엇인지, 고기의 질인지, 양인지, 가격인지, 서비스인지를 분석할 필요가 있다. 고객의 욕구나 관점이 파악되면 진정한 의미의 경쟁사가 어디인지 명료해진다. 자사 고객의 니즈가 '고기의 질이나 품질'이라면 '무한 리필' 고깃집이 아무리 잘된다 해도 진정한 경쟁사는 아닐 것이다.

PR 효과를 극대화하기 위해서는 먼저 PR 미디어별 특성을 파악하는 것이 중요하다. 키워드, SNS, 블로그, 언론 등 미디어별 특성을 파악하고 가장 적합한 미디어를 선택한다. 키워드는 브랜드 키워드나 브랜드가 속한 업종, 업종과 관련 있는 키워드를 노출할 수 있다. 가령, 분식 프랜차이즈라면 해당 브랜드를 노출함과 동시에 분식, 분식 창업 등 예비창업자나 고객들의 유입을 유도할 수 있는 키워드를 배정할 수 있다.

SNS는 브랜드 확산이나 전파 측면에서 유리하다. 불특정 다수에게 노출되기 때문에 해당 브랜드를 몰랐던 고객도 브랜드를 인지할 수 있다. 다만 정보가 짧은 시간만 노출되기 때문에 휘발되기 쉽다는 단점이 있어 자주, 많이 노출시켜야 한다는 부담이 있다. 블로그나 카페는 브랜드 친밀감을 제고할 수 있다. 브랜드를 체험한 소비자가 후기 형식으로 글을 올리기 때문에 다른 소비자들이 브랜드를 대리 경험할 수 있다는 점이 장점이다. 최근엔 블로그나 카페를 광고로 인식하는 경향이 있어 신뢰도가 높은 채널이라고는 할 수 없다.

언론은 브랜드 공신력 확보 면에서 가장 좋은 채널이다. 언론 자체가 갖고 있는 공신력으로 소비자들에게 '광고가 아닌 정보'로 인식돼 신뢰를 높일 수 있는 것. 무엇보다 양질의 DB 확보가 가능하다는 것이 최고의 장점이다. 어떤 경로로 그 브랜드를 알게 된 소비자가 뉴스까지 검색하는 '수고'를 마다하지 않았다는 것은 그 브랜드에 대해 더 정확하게 알고 싶다는 뜻이기도 하다. 이런 손품까지 판 고객들은 진성 고객일 가능성이 높다.

다시 미디어의 특성을 분석하자면 키워드를 통해 브랜드를 접하고 SNS, 블로그, 카페를 통해 브랜드를 인지하고 확산시키며 언론을 통해 그 브랜드에 대해 잘 알게 된다는 것이다.

언론 PR, 왜 필요한가

필자가 언론 PR과 관련해서 가장 많이 질문받는 것이 '언론은 다른 미디어에 비해 PR 효과가 떨어지지 않는가'이다. PR 효과를 '고객들의 직접 유입'과 '당장 매출 달성' 측면에서 본다면 다른 미디어에 비해서 분명 떨어질 수도 있다. 하지만 효과가 없는 것은 아니다. 효과를 얻기에 시간이 걸릴 뿐이다.

언론 PR은 한 마디로 '언론의 공신력'을 바탕으로 브랜드 신뢰도를 높일 수 있는 고급 마케팅 기법이다. 자연스러운 브랜드 노출로 브랜드 인지도 상승은 물론 광고 효과까지 극대화할 수 있는 마케팅 툴이라 할 수 있다. 무엇보다 효율에 비해 비용이 저렴하다는 것이 강점이다. 브랜드 신뢰도를 높이는 데 드는 비용을 환산하면 얼마일까. 브랜드 인지도는 예산과 비례하지만 브랜드 신뢰도는 하루아침에 이루기 어렵다. 브랜드 신뢰도는 기업의 큰 자산이다. 브랜드를 안다고 해서 그 브랜드를 신뢰하지는 않는다. 브랜드를 신뢰하는 단계까지 가면 브랜드 충성도는 높아질 수밖에 없다.

언론 PR의 장점은 크게 세 가지로 나눌 수 있다. 첫째, 브랜드에 대한

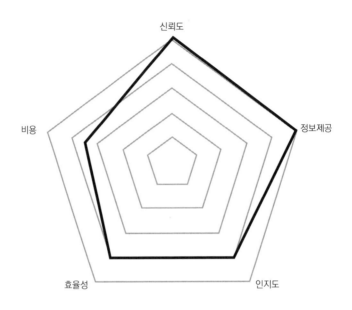

정보를 지속적으로 쉽게 알릴 수 있다는 것이다. 뉴스는 내용이 쉽다. 정보를 쉽고 정확하게 전달하기 때문에 많은 소비자가 뉴스를 통해 정보를 얻으려고 한다. 포털사이트나 언론사가 없어지지 않는 한 기사는 계속 검색되므로 브랜드 메시지나 정보를 꾸준히 알릴 수 있다는 점도 장점으로 꼽을 수 있다.

둘째, 브랜드의 신뢰도를 높일 수 있다. 브랜드를 검색할 때 다양하고 긍정적인 기사가 꾸준히 나온다면 신뢰도와 호감이 당연히 높아진다. 또한 일반적으로 기사는 광고가 아닌 정보로 인식하기 때문에 소비자가 브랜드를 인지하는 데 있어서 거부감이 없다.

셋째, 브랜드의 이미지를 높일 수 있다. 뉴스가 지속적으로 노출되고 담당 기자에게 브랜드를 적극 어필한다면 이슈의 확대, 재생산이 가능하

홍보 방법별 광고 효과

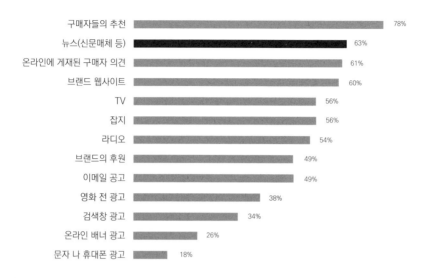

구매자들의 추천	78%
뉴스(신문매체 등)	63%
온라인에 게재된 구매자 의견	61%
브랜드 웹사이트	60%
TV	56%
잡지	56%
라디오	54%
브랜드의 후원	49%
이메일 공고	49%
영화 전 광고	38%
검색창 광고	34%
온라인 배너 광고	26%
문자 나 휴대폰 광고	18%

출처:닐슨 온라인 글로벌 소비자 조사

소비자들의 정보 취득 경로

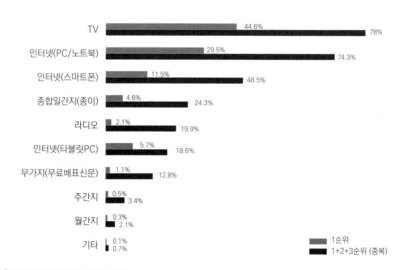

경로	1순위	1+2+3순위 (중복)
TV	44.6%	78%
인터넷(PC/노트북)	29.5%	74.3%
인터넷(스마트폰)	11.5%	48.5%
종합일간지(종이)	4.6%	24.3%
라디오	2.1%	19.9%
인터넷(타블릿PC)	5.7%	18.6%
무가지(무료배표신문)	1.1%	12.8%
주간지	0.5%	3.4%
월간지	0.3%	2.1%
기타	0.1%	0.7%

출처: 엠브레인 트렌드 모니터 조사

213

다. 가령 어떤 기업에서 제품 출시 이슈가 있다고 하자. 그러면 해당 기업은 제품을 출시했다는 기사를 언론에 내보낼 것이다. 언론 PR의 가장 매력적인 부분은 해당 이슈가 단발성으로 끝나지 않는다는 점이다. 담당 기자는 해당 이슈를 인지하고 다른 업체에서 비슷한 이슈들이 나오면 같이 묶어서 업계 트렌드로 이슈를 확대, 재생산한다.

'KFC'가 '닭껍질 튀김'을 출시했을 때 MBC, SBS 등 공중파 뉴스, 교양 프로그램을 비롯해 JTBC, 채널A 등 방송으로 노출되며 대대적인 화제 몰이를 한 적이 있다. 물론 '닭껍질 튀김' 출시라는 이슈의 폭발력이 가장 큰 이유였지만 단순히 제품 출시로만 기사가 나온 것만이 아니라, 추후 《조선일보》의 〈알맹이는 가라… 닭껍질부터 귤껍질까지 껍데기 전성시대〉,《중앙일보》의 〈닭껍질 튀김, 돼지꼬리 구이… 괴상한 음식에 빠진 10~20대〉라는 대형 기획 기사로 자발적인 이슈의 확대가 이뤄졌다.

언론 PR의 방법, 유료 기사냐 일반 기사냐

위에서 살펴본 것처럼 언론 PR은 비용 대비 가장 효율적인 PR 수단이다. 하지만 신생 기업이나 영세 소규모 기업들이 담당자 인건비나 대행사 컨설팅 비용 등 일정한 지출이 소요되는 언론 PR을 진행하기는 쉽지 않다. PR을 전담할 직원을 고용하는 것도 힘든 일이다. 이럴 때 가장 쉽게 접근할 수 있는 방법이 유료 기사를 활용한 언론 PR이다. 유료 기사는 말 그대로 언론사에 일정 비용을 지불해서 기사를 노출시키는 것을 말한다. 비용은 언론사 브랜드 파워에 따라 달라진다. '조중동' 등의 메이저 언론사, 매일경제, 한국경제, 서울경제 등 경제지와 일반 온라인 언론사 등은 비용이 다르다. 브랜드 파워가 있는 언론사는 아무래도 기사 건당 비용이 높다. 언론사 브랜드 파워에 상관없이 네이버에 노출되는 언론사를 기준으로 삼는다면 비교적 저렴한 비용으로 진행이 가능하다.

하지만 유료 기사는 기자가 쓰는 기사가 아니기 때문에 기자와의 네트워크 형성이 어렵다는 문제가 있다. 요즘에는 유료 기사도 기자 바이라인^{작성한 기자 이름}을 넣는 경우가 있지만, 엄밀히 말해 담당 기자가 쓴 것은 아니다. 기업이 아무리 자주 기사를 배포해도 담당 기자는 해당 보도자료를 받은 것이 아니기 때문에 아주 유명하지 않다는 전제하에 그 기업이나 브랜드를 잘 알지 못한다. 기자와 네트워크가 이뤄져 있지 않으면 부정 이슈가 터졌을 때 해명이나 반박할 경로를 찾기 어렵다. 한 번도 접촉하지 않은 기자에게 자사의 입장을 해명하고 설득하기가 얼마나 힘든 일이겠는가.

유료 기사의 또 하나의 단점은 이슈의 확대나 재생산이 전혀 이뤄지지 않는다는 점이다. 앞서 말했듯이 언론 PR은 이슈의 확대나 재생산이 가능하다. 하지만 유료 기사는 해당 건의 기사 배포에 대한 비용만 지불하는 데다가 담당 기자도 보도자료를 받지 않는 시스템이기 때문에 더 이상 이슈가 확대되지 않는다. 다시 말해 이슈를 확대하고 재생산할 기자가 해당 기업과 이슈를 모른다는 것이다.

반면 정식 기자를 대상으로 한 일반적인 언론 PR은 기자에게 보도자료가 배포되므로 네트워크 형성이 가능하다. 보도자료를 통해 해당 기업과 브랜드를 인지하고 있어서 부정 이슈든, 긍정 이슈든 해명과 설명이 가능하고 접근도 용이하다. 또한 기자도 사람이기 때문에 받은 보도자료를 토대로 해당 기업에 대한 친밀감과 우호감을 가질 수 있다. 또한, 기사 생산자로서 얼마든지 해당 이슈를 확대시키고 다른 이슈와 엮어서 재생산할 수 있다. 언론 PR의 파급력과 전파력을 얼마든지 활용할 수 있다는 얘기다.

브랜드 스토리 및 콘텐츠 발굴 방법

PR의 시작은 스토리텔링과 브랜딩이다. 소비자들의 구매 결정 요소인 감성, 브랜드에 대한 긍정적인 느낌을 심어줄 수 있는 스토리가 있어야 한다. 소비자들은 이왕이면 차별화되고 감성적인 스토리가 담긴 브랜드나 제품을 선호한다. 스토리는 브랜드와 소비자 간의 감성적 고리 역할을 하며 경쟁 제품과 차별화된 가치를 부여한다. 그래서 소비자가 어떤 제품을 구매할 때 자신도 브랜드 스토리에 공감하고 동화되는 것이다. 이는 단순히 제품을 구매하는 것을 넘어서 브랜드를 구매하게 된다는 뜻이기도 하다. 소비자가 브랜드와 자신을 동일시하는 순간, 브랜드에 대한 충성도가 높아질 수 있다.

분식 프랜차이즈인 스쿨푸드의 예를 들어보자. 스쿨푸드는 김밥이라는 메뉴에 '마리'라는 특별한 브랜드 네임과 함께 스토리를 입혔다. 스쿨푸드의 대표 메뉴인 '마리'는 김밥을 재해석한 메뉴다. 이상윤 대표는 김밥을 마는 행위에 착안, '말이'를 외국인도 발음하기 쉽게 '마리'라고 이름 지었다. 또한 '마리를 마는 방법'까지 스토리텔링 한 것도 눈여겨볼 만한 대목이다.

마리를 만드는 법은 좀 특이하다. 최대한 많은 재료를 넣으려고 꾹꾹 눌러 단단하게 싸는 김밥과 달리 마리는 3가지 이상의 재료는 넣지 않는다. 식재료 본연의 맛을 살리기 위한 전략이라는 게 회사 측의 설명이다. 스쿨푸드 직원들은 입사와 함께 일정한 중량의 마리를 만드는 법부터 배운다. 직원들은 처음엔 김밥에 들어가는 밥과 속 재료들을 정확하게 쥐는 훈련을 거친다. 그램 단위까지 정확해야 한다. 그 다음에는 김밥을 말 때 손의 힘이 적당히 들어가도록 연습한다. 마리를 마는 방법을 초밥이나 햄버거처럼 표준화하기 위한 노력이다. 브랜드 네임부터 식재료, 만드는 방법까지 모두 스토리를 부여한 것이다. 이렇게 해서 마리는 스쿨푸드를 대표하는 메뉴가 됐을 뿐 아니라 스쿨푸드를 글로벌 외식 브랜드로 성장시키는 견인차 역할을 톡톡히 해냈다.

대표의 독특한 이력도 스토리텔링의 소재가 됐다. 이상윤 대표는 잘 알려졌다시피 비보이 출신이다. 음반도 냈지만 실패했고 이혼 가정에서 매 끼니를 걱정할 만큼 불우한 환경에서 자랐다. 소비자들은 이상윤 대표 개인의 불우한 환경, 춤꾼이라는 이색 경력, 그리고 이런 환경을 딛고 359억 원대2019년 기준의 분식프랜차이즈 기업 대표로 자수성가한 스토리에 열광했다. 스쿨푸드의 스토리는 언론에서도 매력을 느껴 다양한 매체에서 앞다퉈 기사화한 바 있다.

이상윤 대표의 이색 이력과 입지전적인 성공 신화는 스토리텔링의 주 소재인데 액세서리 프랜차이즈 브랜드인 못된고양이의 대표 양진호의 스토리도 대중이 열광하는 포인트가 됐다. 양진호 대표는 시장 뒷골목에서 리어카 장사를 하다가 액세서리 가게를 창업, 못된고양이를 연 매출 350억 원대2019년 기준의 중견 기업으로 성장시켰다.

양진호 대표는 중학생 시절부터 신문, 우유 배달, 이삿짐센터 아르바이트 등 돈벌이에 나섰고 대학에 가서도 학비와 생활비를 벌기 위해 화단 관리, 연탄 갈기, 잔디 깎기 등 할 수 있는 일은 다 했다. 못된고양이의 시작은 2008년 명동의 조그만 사무실에서부터였다. 처음 책상 4개로 시작했던 회사가 100억, 200억의 매출을 내는 기업으로 성장했고, 지금은 전국 160여 개 매장을 운영하는 국내 최고 액세서리 프랜차이즈가 되었다. 이 같은 입지전적인 '좌판 신화'는 못된고양이 브랜드에 대한 관심과 흥미를 유발했을 뿐만 아니라 '정직함'과 '성실함'을 표방하는 브랜드 철학에도 공감하게 만드는 계기가 됐다.

메시지는 강하되 간결하게

PR을 하려는 대부분의 클라이언트는 자사 브랜드의 모든 것을 알리고 싶어 한다. 기업들은 '웰빙' '건강' '다양한 메뉴' '맛있고 저렴한 가격' '편한 공간' '가족 외식 장소' '배달' 등 브랜드의 장점을 다 알리고 싶다는 유혹에 빠진다. 하지만 이는 효과적인 PR이 아니다. 소비자들은 많은 것을 기억해주지 않는다. 어떤 기업을 떠올릴 때 그 기업의 다양한 활동을 모두 기억하는 소비자들은 거의 없다. 특히 프랜차이즈 기업들은 아이템과 콘셉트가 비슷한 경우가 많기 때문에 소비자로서는 어떤 특별한 점이 없다면 그 기업에 대한 내용을 기억하지 못하게 된다.

메시지에 너무 많은 것을 담으면 포지셔닝, 타깃, 브랜드 색깔이 불분명해진다. 그리고 브랜드의 포지셔닝, 타깃, 색깔이 불분명해지면 PR이나 마케팅 전략을 수립하기 힘들다. 메시지가 간결할수록 좋은 이유가 바로 여기에 있다. 메시지를 만들 때 다음의 말을 염두에 두면 좋다.

"잎이 많을 때 새 둥지는 보이지 않는다. 잎이 많이 떨어질수록 새 둥지가 선명해진다. 하고픈 말이 많을 때 메시지는 보이지 않는다. 하고픈 말을 버릴수록 메시지가 선명해진다."

— 《어느 카피라이터와 아티스트의 시선》, 박웅현

간결한 메시지는 어떤 것이 좋을까. 대부분의 소비자는 특정 브랜드를 떠올릴 때 시그니처 메뉴를 떠올리는 경우가 많다. 따라서 '○○가 맛있는 브랜드'라는 이미지를 심어주는 것도 좋은 방법이 된다. 기억하기 좋고, 떠올리기 좋은 메시지로 꾸준히 알리면 그 메시지 때문에 그 브랜드의 다양한 장점들을 알게 된다. 적어도 '그 메뉴'를 먹기 위해 그 공간을 가게 하는 것, 그것이 가장 바람직하고 효과적인 PR이라 할 수 있을 것이다.

마포갈매기를 운영하는 외식기업 디딤의 '연안식당'이 대표적인 시그니처 메뉴 PR의 사례라고 할 수 있다. 지난 2017년 론칭한 '연안식당'은 해산물 브랜드로, 론칭 초기엔 대표 메뉴인 '꼬막비빔밥'을 PR 키워드로 적극 내세웠다. 대표 메뉴를 활용한 지역 특산물 메뉴, 시그니처 메뉴, 제철 해산물 메뉴 등의 다양한 기획 이슈를 기사화한 결과 연안식당하면 '꼬막비빔밥'을 떠올리게 하는 데 성공했다. 연안식당의 대성공은 '꼬막비빔밥'이라는 메뉴의 대유행을 낳았다. 외식업체들은 너도나도 '꼬막비빔밥'을 내놓았고, 작년 한 해 소비자들은 어떤 식당을 가도 '꼬막비빔밥' 메뉴를 접할 수 있었다.

디딤은 브랜드 론칭 이후 50호점 계약, 100호점 계약 완료 등의 이슈로 매장이 확대되고 잘 나가고 있다는 인식을 심어주는 데 주력했다. 이후에는 다양한 해산물을 즐길 수 있는 해산물 밥집으로 포지셔닝하기 위해 메뉴 출시 이슈 및 꼬막비빔밥 외 다른 해산물 메뉴들을 활용한 이슈들로 기사화면서 지속적으로 브랜드를 노출했다.

하남돼지집은 강렬하고 간결한 메시지로 고깃집 프랜차이즈 업계에서 주목을 받았다. '비교하라. 대적할 상대가 없다.'라는 캐치 프레이즈는 브랜드에 대한 자신감과 철학을 어필하는데 굉장히 유효한 역할을 했다. 소비자들은 하남돼지집의 제품, 서비스의 품질과 차별성에 대해 의심하지 않았고 매출로 화답해줬다.

PR은 전술한 바와 같이 모든 이해 당사자들과의 커뮤니케이션이다. 따라서 PR 대상과의 이해관계, 상황, 환경에 따른 수만 가지, 수억 가지의 변수가 존재한다. PR 전략 수립 단계에서 별 문제점이 없어 보였던 것이 막상 PR 단계에서 예상치 않은 반응으로 낭패를 겪기도 한다. 물론 PR 담당자 입장에서는 그 변수까지 계산에 넣어야 하지만 변수란 늘 존재하는 법이다. 이어서 PR 전략 수립에 참고할 만한 사례와 그렇지 않은 사례 등을 살펴보자.

소비자와의 활발한 소통으로 PR 효과 UP

소비자들의 자발적인 참여가 가장 좋은 PR 방법이라고 할 때 KFC의 닭껍질 튀김의 PR은 굉장히 주목할 만한 사례다. KFC는 온라인 커뮤니티에 올라온 사연을 그냥 흘려 보지 않고 신제품 출시에 적극 반영했고, 이슈의 중심에 서는 데 성공했다.

2019년 5월, 디시인사이드 치킨 갤러리에는 KFC 인도네시아 자카르타에서만 판매한다는 닭껍질 튀김을 먹기 위한 고군분투(?)의 사연이 올라왔다. 사연의 주인공은 '닭껍질 튀김을 먹기 위해 인도네시아를 방문하려 했지만 현지에서 큰 규모의 시위가 벌어지는 바람에 방문하지 못했다. 이 고객은 한국 KFC에서 제품을 출시해주면 안 되냐'는 요청을 했고 이 사연은 온라인에서 큰 화제를 모았다. 이후 한국 KFC에는 제품을 출시해 달라는 요청이 폭주했으며 네티즌들 사이에서는 KFC로부터 받은 답장을 캡처해 올리는 인증 릴레이까지 이어졌다.

KFC는 소비자들의 자발적인 PR이 확산되자 2019년 6월, 전국 6개 매장에서만 한정 판매하기로 했다. 사실 닭껍질 튀김 부위가 수급이 어려워 내린 결정이었지만 화제성에 희소성까지 더해져 반응은 가히 폭발적이었다. 소비자들은 출시 스토리와 제품 자체의 화제성, 희소성에 열광했고 이는 언론에 일파만파 보도됐다. 이와 관련된 모든 스토리는 SNS로 재확산되기도 했다. 이후 특수 부위 관련한 기획 기사를 비롯해 소비자 요청에 의해 탄생한 제품이라는 기획 기사, 판매 매장 확대 관련 기사, 정규 메뉴 채택 기사 등 지속적인 후속 보도가 나오며 화제성을 이어갔다. KFC는 이로써 다소 올드한 브랜드라는 이미지를 단숨에 벗고 오히려 트렌디 한 브랜드라는 긍정적인 이미지를 소비자에게 심는 데 성공했다.

재미 요소가 있으면 소비자들이 자발적으로 확산시킨다는 대표적인 예가 롯데리아의 '모짜렐라 인더버거'다. 롯데리아는 2015년 11월, '모짜렐라 인더버거' 출시 당시 소비자 참여 콘테스트를 진행했다. 바로 SNS에서 진행한 치즈 늘이기 인증샷 이벤트였다. 자연산 치즈를 강조하기 위한 이벤트였는데 굉장한 화제가 됐다. 치즈가 쭉쭉 늘어가는 모습을 담은 각종 개그 사진이 SNS를 휩쓰는 등 소비자들은 자발적으로 치즈 늘이기 콘테스트에 참여했다. 롯데리아는 판매 성과를 보도자료로 적극 활용했고, 당시 프랜차이즈 업계에서 대세 메뉴로 자리매김하는 결과를 얻었다. 이후 롯데리아는 같은 버거의 후속 제품을 내놓았고 리뉴얼 소식, 출시 n주년 특별 이벤트 등을 통해 지속적으로 이슈를 끌고 갔다.

죠스떡볶이도 소비자와의 소통을 잘 활용하여 PR을 잘한 사례다. 죠스떡볶이는 2017년 가을 자사 공식 페이스북 홈페이지에 '티백을 물에 넣으면 어묵 국물이 우러난다'는 말과 함께 어묵 국물 티백이라는 재미있는 이미지가 게재됐다. 해당 게시물에는 이례적으로 수많은 댓글이 달리며 '실물로 구현 해달라'는 요청이 빗발쳤다. 이러한 소비자들의 폭발적인 반응에 죠스떡볶이는 실제로 제품 개발에 착수했고, 그해 겨울 실제 제품으로 구현해 출시하였다. 제품 자체만으로도 온라인상에서 화제가 됐는데 죠스떡볶이는 소비자들의 요청에 응답해 탄생한 제품이라는 사실을 적극적으로 홍보하며 업계와 언론으로부터 주목을 받았다. 프리 론칭부터 정식 출시, 완판, 새로운 맛 출시 등 적극적인 후속 보도를 통해 화제를 이어 나갔으며 메이저 언론사와 SBS 뉴스 등 방송 전파까지 탔다.

수제 피자로 잘 알려진 피자알볼로도 소비자 참여형 PR로 성공적인 사례를 남겼다. 피자알볼로가 2018년 3월 출시한 '날개 피자'는 메뉴 이름부터 캠페인까지 모두 한 소비자의 아이디어로 탄생했다. 이 소비자는 모 병원의 직원으로 환자와 의료진 모두 희망의 날개를 펴자는 의미에서 '날개 피자'라는 이름의 피자가 있었으면 좋겠다는 바람을 알려왔다. 이에 피자알볼로는 즉각 응답했다.

신메뉴 이름을 '날개 피자'로 이름 지은 것은 물론 소아암 및 여성암 환우들과 그들의 치료를 위해 애쓰는 의료진들을 응원하는 '천사의 날개' 캠페인을 진행했다. 피자알볼로는 이에 앞서 '날개 피자 신메뉴 체험단'을 모집했다. 블로그와 인스타그램을 통한 후기 포스팅 미션을 부여하는 과정에서 소비자들 반응을 미리 알아보며 신메뉴 인지도를 확대하려는 전략이었다. 이후 메뉴 탄생부터 캠페인까지의 히스토리를 PR을 통해 적극적으로 알렸다. 이로써 '날개 피자는 고객의 의견을 반영한 브랜드'라는 이미지를 생성, 고객 참여형 마케팅의 좋은 사례로 언론에 많이 소개됐다. 화제성 덕분에 네이버 비즈니스면 메인에도 노출되는 성과를 거뒀다.

밈 현상을 활용한 PR

밈meme이란 특정 연예인의 행동이나 유행을 끊임없이 모방하는 사회 현상이다. 밈은 그 자체로 화제가 되고 확산이나 전파 속도가 빠르기 때문에 이런 현상을 활용한 PR 사례를 최근 자주 볼 수 있다.

버거킹의 '올데이킹사딸라' 광고가 밈을 활용한 대표적인 사례다. 버거킹은 밀레니얼 소비자들에게 올데이킹의 합리적인 가격대인 4,900원을 효과적으로 강조하기 위해 드라마 《야인시대》에서 '사딸라'를 외친 배우 김영철을 섭외, 광고를 제작했다. 광고는 소비자들의 마음을 움직였다. 사회문화 전반에 걸친 트렌드였던 '레트로' 감성과 드라마 대사인 사딸라 패러디의 유머러스한 코드로 온라인상에서 많은 화제를 모은 것이다. 해당 캠페인은 약 578만의 조회 수를 기록할 정도로 큰 화제를 모으며 밈노믹스의 대표적인 사례가 됐다. 버거킹은 이에 그치지 않고 소비자 참여형 이벤트 및 이모티콘 배포 등을 진행, 소비자들로부터 좋은 반응을 이끌어냈다.

BBQ는 영화《타짜》의 밈 현상으로 '곽철용 신드롬'이 일어나자 곽철용 역을 맡았던 배우 김응수 씨를 모델로 발탁했다. "세상 치킨 다 제끼고 살았다 이거야", "그럼 BBQ가 무너지냐", "묻고 더블로 가" 등의 영화의 명장면을 패러디하여 화제 몰이에 성공했다. BBQ는 이를 통해 자사 메뉴 뱀파이어 치킨을 소비자들에게 각인시키는 성과를 얻었다.

마케팅과 PR의 시너지화

피자알볼로는 톡톡 튀는 마케팅으로 유명하다. 그중 피자알볼로의 로컬 마케팅은 타 브랜드에서 찾아볼 수 없는 독특한 마케팅으로 주목을 받고 있다. 피자알볼로는 2018년부터 '지역 피자' 시리즈를 전개했다. 해당 시리즈의 메뉴는 각 지역의 특산품을 활용한 제품 라인업으로 구성됐다. 피자알볼로는 제품을 출시할 때마다 언론 PR을 잘 활용했다. 제품 정보를 알리는 단신 기사는 물론 시즈널 이슈를 엮은 기획 기사를 통해 메뉴와 브랜드 인지도를 강화했다. 특히 목동피자는 2018년 11월, 피자알볼로 13주년 기념 '땡스투 에디션' 제품으로, 목동 지역의 이름을 따서 만들었다. 목동에서 시작했을 때의 철학인 '기본적이지만 건강한 피자를 만든다'는 취지로 기획된 메뉴다.

부산피자는 2019년 3월에 출시됐다. 부산의 바다라는 의미를 그대로 담아 낙지, 새우, 갑오징어 등을 메인 토핑으로 만들었다. 2019년 9월에는 전주불백피자가 출시됐다. 패스트푸드라는 고정관념을 깨고 전주의 불고기백반 집을 연상케 하는 든든함이 특징이다. 2020년 1월 선보인 팔도피자는 목동피자, 부산피자, 전주불백피자의 맛을 한 판에 다 담은 피자다. 여러 가지 맛을 담았기 때문에 다른 메뉴와 달리 라지 사이즈로만 출시됐다.

커피 프랜차이즈 브랜드인 달콤은 문화마케팅을 잘 활용한 사례가 돋보인다. 달콤은 엔터테인먼트를 전개해 온 모기업 다날의 역량을 앞세워 한류 드라마 PPL을 통해 해외 진출의 기반을 다졌다. 지속적인 문화마케팅이 한류와 맞물리며 해외에서도 '드라마 속 커피'로 주목받았고, 싱가포르에서는 스타벅스에 버금가는 인기를 누리고 있다.

지난 2011년부터 진행하고 있는 '베란다 라이브'는 달콤의 대표적인 문화마케팅 콘텐츠다. 달콤은 매월 역량 있는 뮤지션을 '이달의 아티스트'로 선정하고 전국 매장에서 라이브 공연을 연다. 해당 이벤트 진행 시의 언론 PR을 통해 브랜드 인지도는 물론 자사의 문화 지향적 이미지를 제고했다는 평가를 받고 있다.

시즈널 이슈와 트렌드를 결합한 PR

달콤은 지난 2017년 4차 산업혁명, 비대면 소비 확산이라는 트렌드를 캐치해 업계 최초로 로봇 카페 '비트'를 론칭했다. 지금이야 코로나 여파로 언택트, 비대면 소비가 주류 트렌드가 됐지만 당시만 해도 굉장히 앞서나가는 행보였다. 달콤은 비트 매장 오픈, 실적 등의 데이터가 발생했을 때나 행사 후원 등의 이벤트 진행 시에 다양한 PR 활동을 하여 인지도를 높여나갔다. 달콤이 비트를 앞세워 공격적으로 사업 확장을 진행한 결과, 전년 동기 대비 매출이 52.4% 증가2019년 기준하는 등 꾸준한 성장세를 보였다.

맘스터치와 큰할매순대국은 뉴트로 트렌드를 활용한 폭넓은 타깃 설정으로 극대화된 홍보 효과를 얻었다. '추억의 맛', '아는 맛' 등의 키워드로 과거 추억을 그리워하는 중장년층과 젊은 세대의 재미와 호기심을 충족했다는 평가다.

맥도날드는 '환경에 대한 관심'이 높아지는 분위기에 맞춰 환경 문제를 환기시키는 다양한 CSR 활동기업의 사회적 의무를 충족시키기 위한 활동을 진행했다. 일반적으로 패스트푸드라고 하면 건강에 해로운 음식, 포장지에 대한 환경 오염 문제 등 부정적인 이미지가 많은 것이 사실이다. 맥도날드는 다양한 자선 활동을 적극 PR함으로써 패스트푸드에 대한 부정적인 이미지에서 탈피하고 선행하는 기업이라는 이미지를 심어주는 데 주력했다.

스타벅스도 재능 기부, 봉사 활동, 정부 정책 및 사회적 약자를 위한 제도 정착장애인 고용, 경력 단절 여성 채용, 고객 친화적인 서비스콜 마이 네임 등을 널리 알리며 긍정적인 기업 이미지를 강조했다. 이디야는 유명 인사를 내세워 브랜드를 알리고 광고하는 대신 가성비, 착한 가격 등 합리적인 가격에 초점을 맞춘 PR을 진행했다. 이로 인해 합리적인 가격에 커피를 마실 수 있다는 점이 소비자들의 마음을 움직여 현재 국내 대표 브랜드로 성장할 수 있었다.

이밖에 점주들과의 상생으로 '착한 기업' 이미지를 얻은 PR 사례도 많다. 한촌설렁탕으로 유명한 이연에프엔씨는 점주들과의 상생으로 널리 알려진 기업이다. 이연에프엔씨는 점주들이 실력을 키우고 자립할 수 있게 도움을 주는 것이 본사의 역할이라고 판단해 매달 점주들을 모아 명사특강을 비롯한 실무에 도움이 되는 강의를 진행하고 있다. 여기에 매년 초 가족점 경영 전략 워크숍을 진행, 본사 마케팅 활동과 매장별로 프로모션을 진행해 성과를 이룬 우수 매장 사례를 공유하며 새해의 프로모션 계획 공유, 매장별 특성에 맞는 매출 활성화 방안, 개별 매장 운영 플랜 등 올 한해 주요 계획 및 전략을 발표하는 시간을 갖는다.

피자알볼로도 '착한 기업' 이미지가 강하다. 휴가 가기 어려운 점주들을 대신해 하루 동안 알볼로 본사 직원이 가게를 운영함으로써 안심하고 휴가를 즐길 수 있게 해주는 '알케이션'은 피자알볼로의 대표적인 상생 프로그램이다. 그리고 100년 가는 장인 가게를 만들기 위해 매년 4회 점주들을 대상으로 브랜드 비전과 철학, 운영 전략을 알리고 신메뉴 품평회 '장인 교육'을 진행한다. 피자알볼로의 장인 교육은 가맹본부와 가맹점주는 상생하고 있다는 인식을 형성하는 데 크게 기여했다.

시도는 좋았으나 PR 역효과 사례

PR 전략이 훌륭하더라도 실행 단계에서 예상치 못한 벽에 부딪힐 수 있다. 대부분 소비자 관점에서 어떤 이미지로 비칠지, 혹은 어떤 결과를 초래할지에 대한 분석이 미흡한 경우에 많이 발생한다.

커피전문 회사인 C사의 제2 브랜드인 B브랜드는 스타 마케팅에만 지나치게 의존하여 의도만큼 성과를 거두지 못한 경우다. C사는 배우 한예슬을 스타로 만들었고 C사는 당시 토종 브랜드로 최고 성장을 기록할 만큼 스타마케팅에서 괄목할 만한 성과를 거둔 브랜드다. 그래서였을까? C사는 두 번째 브랜드를 오픈했을 때도 똑같은 전략을 구사했다.

B브랜드는 2011년 론칭한 이탈리안 패밀리 레스토랑으로, 당시 최고의 스타였던 송승헌, 김태희 등의 스타를 앞세워 공격적인 마케팅을 진행했다. 드라마 PPL, 광고 모델들의 팬사인회도 여러 번 진행하면서 초기에는 인지도 상승 효과를 거뒀으나 브랜드 성장에는 큰 효과를 얻지 못했다. 스타 마케팅의 단순한 패턴이 소비자에게 식상함을 안겨 시간이 흐를수록 그 효과가 무뎌지는 결과를 낳은 것이다.

이외에도 PR이 역효과를 보인 사례는 다양하다. 지금도 마찬가지지만 젠더 이슈는 상당히 민감한 소재다. 성차별적 요소가 담긴 SNS 콘텐츠로 인해 불매 위기에 처한 브랜드도 있다. 치킨프랜차이즈 B사는 2015년 SNS를 통해 하나의 광고를 공개했다. 광고에는 '뿌X클 사 줄 사람 없는 여자분들 필독하세요. 이 문장을 매일 밤 20분씩 연습하세요'라는 글과 함께 당시 유행했던 '나 꿍꼬또, 뿌X클 멍는 꿍꼬또'라는 문구가 적혀 있다. 이 광고는 여성을 항상 남성에게 의존해야 하는 존재로 보이게 했다는 점에서 당시 엄청난 지적을 받았고, 몇 년이 지난 지금도 특정 커뮤니티에서 잘못된 사례로 회자되고 있다.

B사 외에도 스타벅스와 공차 또한 진상 고객 이미지 및 의존적이고 어장 관리하는 여성으로 표현하는 등 주 소비층을 고려하지 않은 홍보 사례로 인해 인터넷 커뮤니티를 중심으로 불매 운동이 진행됐다. 이로 인해 스타벅스 등은 '여혐 기업'이라는 꼬리표를 간직하고 있다.

과도한 PPL이 논란을 일으킨 사례도 있다. 제과점 프랜차이즈인 P사와 카페 프랜차이즈인 D사는 tvN 드라마《미스터션샤인》속에서 극의 흐름과 관계없이 PPL만을 위한 대사를 삽입하여 시청자들로부터 반발을 샀다. 시대극 장르를 고려하지 않은 무분별한 광고로 드라마의 몰입을 방해했다는 지적이었다. PR은 대중과의 커뮤니케이션인데 미흡한 소통으로 반감을 얻은 사례도 많다. 도미노피자, 탐앤탐스 등은 SNS상 커뮤니케이션에서 논란을 일으켰다.

피자전문점인 D사는 2010년 7월, 약 한 달간 트위터 팔로워 수만큼 할인을 해주는 트위터 이벤트를 진행했다. 기본적으로 1,000원 할인되며 100명당 1,000원씩 추가 할인되고 최대 할인 금액은 2만 원을 넘지 않도록 제한했다. 팔로워 수만큼 할인받을 수 있는 이벤트는 소비자들의 열렬한 호응을 얻어 참가 인원도 늘어났다. 하지만 진행 과정에서 예상치 못한 일이 벌어졌다. 할인 쿠폰만 받기 위한 유령 회원이 급증한 것이다. 평소 트위터를 하지 않던 이용자들까지 할인 쿠폰을 받기 위해 몰려들었다. 할인 행사에 참여하기 위한 무차별한 팔로워 행위로 인해 트위터가 혼란해지자 소비자들의 항의가 빗발쳤고, 이벤트는 종료일보다 20일가량 앞당겨 조기 중단됐다. 사과문 공지로 인한 브랜드 이미지 훼손 및 쿠폰 발행으로 인한 금전적 손실은 당연한 일이었다.

카페 프랜차이즈인 T사도 SNS 커뮤니케이션 실패 사례가 있다. 2011년 12월, T사는 자사 트위터 계정에 김정일 국방위원장의 사망 애도 글이 게시되었고, 이것이 확산되면서 논란을 불러일으켰다. T사는 사건 발생 후 즉각 책임자가 무릎을 꿇고 사과한 사진과 사과문을 게재하는 등 논란을 잠재우기 위해 발 빠르게 대처했다. 서둘러 공개 사과를 함으로써 논란의 확산을 막은 것은 좋았지만, SNS상에서는 사소한 부분에서도 논란이 일어날 수 있다는 점을 환기시켜준 사례라 할 수 있다.

프랜차이즈는 아니지만 커뮤니케이션 실패가 가져오는 참사가 무엇인지를 설명하기 위해 두 가지 사례를 추가로 말하고자 한다.

하나는 국내 대형마트인 E사의 피자 논란이다. E사의 피자에서 매우 저렴한 가격에 판매한 것이 논란이 되자 E사 모그룹의 부회장은 트위터를 통해 '당신들은 소비를 이념적으로 하느냐'고 반박하며 논란을 부채질했다. 또한 '요즘 마트 가면 떡볶이, 오뎅, 국수, 튀김 등 안 파는 게 없는데 왜 피자만 문제냐', '님이 걱정하는 만큼 재래시장이 님을 걱정하겠느냐'는 발언으로 논란을 불러일으켰다. 오너의 발언 하나가 브랜드에 어떤 영향을 미치는지를 상징적으로 보여준 사례라 할 수 있다.

다른 하나는 커뮤니케이션의 결과와 영향에 대한 진지한 고민 없이 '파격'에만 집중하는 퍼포먼스의 위험성을 보여준 사례다. 2003년 S우유의 누드 퍼포먼스는 커뮤니케이션 실패 사례 중 참사 중의 참사로 지금도 회자되고 있다. S우유는 몸에 바를 수도 있고 먹을 수도 있는 새로운 요구르트를 알리기 위해 인사동의 한 화랑에서 기자 10여 명, 일반인 70여 명이 모인 가운데 누드 퍼포먼스를 실시했다. 모델 3명은 알몸으로 서로에게 요구르트를 뿌려주기도 하고 관객에게 나눠줬는데, 이는 외설, 성 상품화 논란을 일으켰다. 결국 행사 관계자는 형사처벌까지 받는 참사를 초래했다. 정말 안타까운 일이 아닐 수 없다.

이런 사례에서 볼 수 있듯이 PR에 있어 가장 중요한 부분이 위기관리다. 위기관리는 PR의 꽃이자 정점이다. PR의 진가는 긍정 이슈 붐업보다 부정 이슈 방어 및 관리에 있다. 아무리 PR을 잘해도 부정 이슈 한 번에 조직과 기업이 무너지는 경우를 많이 봤을 것이다. 부정 이미지가 고착화되면 재기하기까지 엄청난 비용과 시간이 소요된다.

여기서 말하는 위기는 '리스크risk'를 의미하며 단순히 위험danger다는 뜻만을 의미하는 것은 아니다. 엄밀히 말하면 리스크는 '불확실성에 노출exposure to uncertainty된 정도'를 의미한다. 이슈에 반응하고 이슈를 옮기는 주체는 사람들이다. 다양한 생각과 가치관을 가진 사람들이 어떤 방향으로 이슈를 확산시킬지는 아무도 장담할 수 없다. 그래서 리스크는 불확실할 수밖에 없다. 일단 불확실성에 노출되면 이슈의 끝, 이슈의 파괴력, 이슈의 정도를 파악하기 힘들다. 어떤 방향으로 흘러갈지 모르기 때문에 대책이나 수습 방안, 출구 전략도 만들기 어렵다. 소위 말하는 집단 '멘붕'에 처하게 되는 것이다.

위기관리, 골든타임을 놓치지 마라

흔히 위기관리는 정답이 없다고 한다. 위기가 어떤 이슈와 결합하고 확산될지 아무도 장담할 수 없기 때문이다. 하지만 위기를 수습할 규칙은 있다. 처한 상황에 따라 어떤 태도를 취하고 커뮤니케이션 전략을 짤지, 법적 대응의 여부 등을 결정해야 한다. 단, 위기관리에는 여유 시간이 많지 않다. 최대한 빠른 시간 안에 리스크를 회피하기 위한 방향과 태도를 결정해야 한다.

커뮤니케이션 전략에 로우프로파일low-profile과 하이프로파일high-profile이 있다. 로우프로파일은 가급적 가시적 코멘트를 하지 않는 것이고, 하이프로파일은 적극적으로 의견을 표명하는 것이다. 어떤 전략이 좋은지는 상황에 따라 달라진다. 사실 관계가 논쟁이 예상되거나 그 내용을 상세하게 밝히는 것이 오히려 더 큰 오해를 불러일으킬 소지가 있다고 판단되면 커뮤니케이션을 줄이는 로우프로파일 전략이 더 낫다. 이때는 논란을 일으킬 만한 메시지 전략보다 법적 대응에 집중하는 것이 더 나을 수 있다.

사실을 명백히 밝히는 게 더 나은 경우, 다시 말해 대중이 충분히 이해해줄 수 있는 근거나 증거가 있는 경우엔 적극적으로 커뮤니케이션을 하는 하이프로파일이 좋다. 오해나 잘못된 루머로 인해 어떤 이슈가 발생했을 때는 증거를 토대로 정확한 사실 관계를 밝힐 필요가 있다. 이럴 때는 적극적으로 의견을 표명하되 커뮤니케이션은 간략하면서도 단호하게 이뤄져야 한다. 그래야 또 다른 논란으로 확대되는 것을 막을 수 있다. 필요한 경우 법적 대응도 검토해야 한다.

대응 전략이 정해지면 빠른 시간 내에 커뮤니케이션에 들어가야 한다. 위기관리도 골든타임이 있다. 즉각적인 대응은 부정 이슈의 확산과 전파를 차단할 수 있다. 골든타임을 놓치면 일파만파, 논란의 중심에 들어선다. 이미 확산된 논란을 잠재우기란 여간 어려운 일이 아니다. 위기가 터지면 당황한 나머지 부정 이슈가 잠잠하게 지나가길 바라게 되는데 앞에서 말한 것처럼 리스크의 속성은 불확실하다는 점에 있다. 잠잠하게 지나갈 수도 있지만, 생각하지도 못한 방향으로 퍼져 엄청난 파괴력을 발휘할 수도 있다. 자신의 브랜드와 기업을 불확실한 상황에 놓이게 할 필요가 있는가. 이미 훼손된 브랜드 이미지를 회복하기 위해서는 엄청난 시간과 비용 지출이라는 대가를 치러야 한다.

위기관리의 규칙, 단계별 전략

위기가 발생하면 아무리 경험이 많은 조직이라 해도 우왕좌왕하기 마련이다. 위기의 수습에는 앞에서도 말했듯 시간이 중요하다. 위기 발생 초기에 신속하게 대응할 체계나 TF팀을 구성할 필요가 있다. 시간이 매우 중요하므로 의사결정권자가 TF팀장이 되어야 한다. 본격적으로 논란이 확산하기 전에 사태의 진위를 파악하고 대책을 마련해야 한다.

제품에 문제가 있을 경우 정부에 알릴 의무가 있는데 이것이 위기관리의 중요한 관건이 된다. 가령 소비자 안전과 직결되는 식중독이 발생했을 경우 유관 정부 부처에 즉각 사실을 알리고 소비자 구제 등의 수습 대책을 마련했다는 근거가 중요하다. 대부분 문제가 발생하면 품질 관련 부서에서만 상황을 인지하고 공유하는 데 그치는 경우가 많다. 만약 소비자단체나 언론에서 먼저 소비자 피해 발생 상황을 인지하고 취재하는 단계가 돼서야 홍보 담당이 알게 됐을 때는 논란이 걷잡을 수 없이 확산하게 된다.

사과는 신속하게 이뤄져야 한다. 대중들은 사과에 관대하다. 명백하게 잘못이 드러났음에도 불구하고 사과에 인색하게 되면 더욱 부정적인 이미지로 고착화된다. 대부분의 경우 '사과'는 곧 '잘못을 인정하는 것'이라고 생각해서 사과를 하지 않는 경향이 있다. 하지만 당장 고통스럽다고 하더라도 신속하게 사과를 하는 것이 회복과 수습 기간을 짧아지게 한다. 사과할 때 주의할 점은 내용이 정직해야 한다는 것이다. 당장의 면피를 위해 사실과 다른 거짓말을 할 경우 역효과를 초래한다. 요즘처럼 정보 확산이 빠르고 투명한 시대에 모든 정보를 완벽하게 통제할 수는 없다. 이는 거짓말이 들통나지 않는다는 보장이 없다는 것을 의미한다. 거짓말이라는 사실이 알려지면 사과의 진정성도 의심받는다. 사과가 훼손되면 백약이 무효한 상황에 처하게 된다.

사과할 때 오너가 책임지는 모습을 보이는 것도 중요한 포인트다. 대부분의 기업들은 '오너의 책임'에 대해 소극적인 모습을 보인다. 오너의 문제로 인식될 경우 기업이나 브랜드가 소비자에게 더욱 부정적인 이미지로 비칠 것을 우려하기 때문이다. 하지만 분명한 것은 조직의 모든 위기는 '오너의 책임'이라는 것이다. 조직원의 실수나 잘못도 궁극적으로는 오너의 책임이다. 그럼에도 불구하고 직원 한 명의 실수인 것처럼 문제를 축소하거나 책임을 떠넘기는 듯한 모습을 보이면 소비자에게 최악의 이미지를 심는 결과를 만든다.

대중은 약자의 처지에 공감한다. 따라서 약자인 직원이 불리한 인사를 당할 것이 뻔한 사과와 책임에 대한 선 긋기에 반감을 갖기 마련이다. '모든 책임은 오너에게 있다. 직원은 잘하려다가 실수한 것이다'라는 메시지가 대중들을 설득할 수 있다. 오너의 이런 책임감은 기업 이미지를 긍정적으로 바꾸는 데 힘을 발휘하고, 이로 인해 오히려 위기가 전화위복이 될 수도 있다.

사과와 동시에 재발 방지를 약속하는 것도 중요하다. 대중들은 이미 벌어진 일은 어쩔 수 없지만 앞으로 또 이런 일이 발생하지는 않을까 하는 우려를 하게 된다. 이미 벌어진 사안에 대해서는 처벌이나 수습을 할 것이고 추후 다시는 이런 일이 발생하지 않도록 할 것을 약속하는 태도가 필요하다. 그냥 단순히 재발을 방지하겠다는 말로 슬쩍 넘어가려 해서는 안 된다. 또한 어떤 대책으로 재발을 방지할 것인지에 대해 구체적으로 알려줘야 대중들은 기업의 반성과 대책 수습을 위한 노력을 믿어준다.

그리고 메시지는 단호해야 한다. 부인할 것은 단호하면서도 설득력 있게 알려야 한다. 내부 조사 결과 사실과 다른 경우 적극적인 대응 논리를 만들어야 한다. 만약 누군가가 조직과 기업, 브랜드를 해하기 위해 악의적으로 위기 상황을 조성했을 경우 적극적으로 방어할 필요가 있다. 이때 전체를 부인하는 것은 좋지 않은 전략이다. 일이 발생했다면 거기엔 분명 일부분이나 잘못된 부분이 있을 수밖에 없다. 잘못된 부분을 숨기고 억울한 부분만 내세우면 정직하지 못하다는 이미지를 준다. 따라서 일부 잘못된 부분에 대해서는 정직하게 시인하고, 사실과 다른 부분에 대해서는 책임이 없다는 것을 강조할 필요가 있다.

모든 메시지는 일관된 창구(공식 대변인)를 통해 이뤄져야 한다. 위기 상황에서는 준비된 메시지를 일관되게 밀고 나가야 하며 공식 대변인이 모든 취재나 문의에 대응토록 해야 신뢰를 줄 수 있다. 위기 상황일수록 절제된 코멘트가 중요한데, 일원화된 창구가 아닌 여러 팀이나 담당자를 통해 여기저기서 메시지가 나갈 경우 대중에게 혼란을 준다. 특히 PR 비전문가가 즉흥적으로 대응하면 심각한 문제를 야기할 수 있다. 기자들은 고도로 훈련된 사람들이다. 취재 시 유도 질문을 통해 원하는 정보를 얼마든지 습득할 수 있다. 훈련된 기자들에게 비전문가가 절제되지 않은 내용으로 응대했을 때의 결과는 상상만 해도 끔찍하지 않은가.

부정 이슈 확산의 주범, 어뷰징

어뷰징abusing이란 오용, 남용, 폐해 등의 뜻을 가진다. 인터넷 포털 사이트에서 언론사가 의도적으로 검색을 전송하거나 인기 검색어로 올리기 위해 클릭 수를 조작하는 것 등이 이에 해당된다.

기업에 어떤 부정 이슈가 발생했을 때 똑같은 기사가 여러 언론사에 의해 동시 다발적으로 뜨는 경우를 많이 봤을 것이다. 미스터피자, 호식이두마리 치킨 등에서 오너 리스크나 프랜차이즈 갑질 이슈가 터졌을 때 며칠에 걸쳐 비슷한 기사가 포털 사이트에 도배됐는데 이것이 바로 어뷰징이 이뤄진 경우다. 어뷰징이 이뤄지면 이미 사태는 걷잡을 수 없이 확산 일로에 놓인 것이다. 어뷰징 된 기사들은 일반 소비자들의 개인 SNS를 통해 빠르게 확산되며 실시간 검색에 오르게 된다.

기업은 어뷰징을 막을 길이 없다. 이런 상황이 발생했을 때 대책을 마련하기 위해서는 어뷰징의 속성을 파악해야 한다. 언론들이 어뷰징을 하는 이유는 해당 이슈가 클릭 수를 높여주기 때문이다. 실시간 검색에 오르면서 대중들의 관심 키워드가 되면 똑같은 기사라도 사람들은 호기심에 클릭을 하게 된다. 대중들의 끝없는 관심이 어뷰징의 원인이 되는 것이다.

어뷰징이 되는 데는 일정 조건이 있다. 피해자가 있는가, 피해자는 당장 없지만 앞으로 다수에게 피해를 줄 가능성이 있는가, 대중들의 관심과 호기심의 대상인가, 공익을 위해 알려야 하는 내용인가 하는 것 등이다. 피해자가 있고 앞으로 불특정 다수에게 피해를 줄 가능성이 있는 사안이면 어뷰징 될 가능성이 높다고 봐야 한다.

어떤 매장에서 점주가 고객에게 욕설을 했거나 폭력을 행사했다면 이는 공분의 대상이 된다. 그 매장을 이용하지 않았지만 자신도 그 대상이 될 수 있다고 생각하기 때문이다. 매장 점주가 유명인이라거나 기업이 워낙 유명해서 평소 언론의 집중 조명을 받은 곳이라면 그 기업의 이슈는 대중들의 관심과 호기심의 대상이 된다. 이런 곳에서 사소한 문제라도 터진다면 대중은 폭발적인 반응을 하게 돼 있다. 대중이 반응하는데 언론에서 가만히 있을 리 없다. 즉, 어뷰징 가능성이 충분하다는 얘기다.

오너 리스크, 오너와 브랜드를 분리하라

오너 리스크는 기업 입장에서는 예상치 못한 이슈다. 오너 리스크 대부분 전혀 예상치 못한 상황에서 터지는 경우가 많다. 그래서 수습이 쉽지 않다. 오너 리스크를 수습하는 최선의 방법은 이슈가 더욱 확산되기 전에 빠르게 오너와 브랜드를 분리하는 것이다. 오너의 개인 일탈이라는 점을 강조하고 회사 직원과 가맹점은 오히려 리스크의 피해자라는 점을 인지시켜야 한다.

오너 리스크 중 유명한 사례로는 M피자 J회장의 경비원 폭행 사건을 들 수 있다. 당시 M피자는 J회장의 갑질 논란을 시작으로 연이어 부정 이슈들이 터지면서 몸살을 앓았다. 친인척에 장모까지 임원 등록을 해 지속적으로 횡령을 해온 사실과 친동생이 운영하는 치즈 회사의 통행세까지 논란이 됐다. 또한, 말을 듣지 않는 가맹점을 상대로 보복 출점을 하는 등 각종 논란과 이슈에 휩싸였고, 결국 회사 자산을 사적으로 운영했다는 횡령, 배임 혐의로 회장이 구속되는 일까지 벌어졌다. 이로 인해 브랜드 이미지는 급추락했고 상장 폐지의 위기를 맞게 되었다.

치킨 프랜차이즈인 H치킨은 2017년 C회장이 직원 성추행 사건에 연루되면서 브랜드 이미지가 급락했다. 피해자와의 합의로 불구속 기소됐지만 이 사건을 계기로 2012년 80억 원을 탈세한 혐의로 고발당했던 사실이 재조명되면서 불매운동으로까지 이어지기도 했다.

전도유망한 기업으로 촉망받던 C야채가게도 오너의 욕설, 폭행 논란이 일었다. 일부 점주들이 오너가 교육 중 점주 따귀를 때리거나 똥개에 비유하며 갑질했다고 언론에 제보했던 것이다. 이들은 멘토링 명목으로 추가 비용 500만 원을 요구했다는 주장도 제기했다. 이로 인해 대표가 사과문을 남기며 경영 일선에서 물러나겠다고 선언했고, 이후 2017년 쥬씨에 매각됐다.

K치킨은 오너 일가와 관련된 리스크가 터진 경우다. K회장의 6촌 동생인 K상무가 음식에 대한 불만으로 식당 직원을 폭행한 사건이 터진 것이다. K치킨은 당장 논란의 당사자를 해고했으나 몇 개월 후 재입사시켰다는 기사가 나오면서 브랜드 이미지 훼손이 불가피해졌다. 이 사건으로 아직까

지 상장IPO에 부정적인 영향을 미치고 있다는 후문이다.

주먹밥 프랜차이즈인 B사는 O대표의 마약 제공 및 투약 혐의가 불거져 엄청난 논란이 일었다. 실제 O대표는 관련 혐의로 1년 6개월에 집행 유예 3년의 유죄를 선고받았다. O대표는 회사 홈페이지에 사과문을 게재했지만 브랜드 이미지는 추락할 대로 추락했다.

2021 새롭게 바뀌는 가맹사업법

2021년에 가맹사업법의 내용이 일부 개정된다. 창업을 하는 이들에게는 꼭 알아둬야 하는 부분이기에 설명하고자 한다.(※ 규제 영향 분석서와 조문별 제 · 개정이유서 인용)

가맹사업법 재·개정 내용

공정거래위원회는 가맹 분야의 불공정 관행을 효과적으로 예방 · 개선하고 가맹점사업자의 권익을 보호하기 위해 가맹사업법 개정안을 마련하여 입법 예고를 하였고 국회에 제출하여 통과되면 시행될 것으로 예상된다. 이번 가맹사업법 개정안의 주요 내용은 아래와 같다.

가맹본부가 가맹점 부담으로 광고 · 판촉 행사를 실시하려면 사전에 일정 비율 이상의 가맹점 사업자로부터 동의를 받도록 의무화하고, 가맹점 사업자 단체가 공적 신고 절차를 통해 그 대표성을 확인받을 수 있도록 가맹점 사업자 단체 신고제를 도입하며, 가맹본부가 1년 이상 직영점을 운영한 경험이 없으면 정보공개서 등록을 거부할 수 있도록 하고, 직영점 운영 경험(운영 기간, 매출액 등)을 정보공개서 기재사항에 추가하도록 하였다. 또한, 그동안 소규모가맹본부에 일부(가맹사업법 제3조) 제외했던 규정을 적용하도록 하여 정보공개서 등록 및 가맹금 예치의무를 다하도록 하였다.

1. 가맹본부가 1년 이상 직영점 운영 경험이 있어야 가맹사업 가능

〈현행〉

제6조의 3(정보공개서 등록의 거부 등)

① 공정거래위원회 및 시·도지사는 제6조의 2에 따른 정보공개서 등록 신청이 다음 각 호의 어느 하나에 해당하는 경우에는 정보공개서의 등록을 거부하거나 그 내용의 변경을 요구할 수 있다.

1. 정보공개서나 그 밖의 신청서류에 거짓이 있거나 필요한 내용을 적지 아니한 경우

2. 정보공개서에 기재된 가맹사업의 내용에 다른 법률에서 금지하고 있는 사항이 포함되어 있는 경우.

〈개정 내용〉

제6조의 3(정보공개서 등록의 거부 등)

〈신설〉3. 제6조의 2 제1항에 따른 정보공개서 신규 등록 신청 시 등록 신청일 현재 해당 가맹사업과 영업표지가 동일하고 같은 품질 기준이나 영업 방식에 따라 상품이나 용역을 판매하는 직영점(가맹본부의 책임과 계산하에 직접 운영하는 점포를 말한다)이 없거나, 그 운영 기간(해당 직영점을 가맹본부가 운영하기 전에 가맹본부의 임원이 운영한 경우 임원이 운영한 기간도 직영점 운영 기간으로 본다)이 1년 미만인 경우. 단, 가맹본부가 가맹사업의 영위를 위해 관련 법령에 따라 허가·면허를 받아야 하는 등 직영점 운영이 불필요하다고 인정되는 사유로 대통령령으로 정하는 경우에는 이 규정을 적용하지 아니한다.

먼저 위 개정 내용에서 언급한 직영점에 대해서 정확히 알아야 한다. 일반적으로 직영점은 회사(본사, 가맹본부)가 직접 운영하는 사업체(가게, 점포, 매장 등으로 불림)를 말하는데, 가맹사업법에서 말하는 직영점은 '가맹본부의 책임과 계산하에 직접 운영하는 점포'다. 위 직영점의 정의에 따라서 정보공개서 작성 시 직영점과 가맹점의 구별 기준은 아래와 같이 구분할 수 있다.

직영점은 1) 가맹본부의 명의로, 2) 가맹본부가 운영 전반을 직접 책임지고, 3) 그 매출이 가맹본부에 귀속되어야 한다. 따라서 법인사업자인 일부 가맹본부에서 대표자나 임원, 또는 그 친족의 명의로 운영하는 점포는 가맹점에 해당한다. 개인사업자의 경우에도 가맹본부 대표자 명의가 아닌 친족 등의 명의로 운영하는 점포는 직영점이 아닌 가맹점에 해당한다. 그렇다면 기존에는 가맹사업을 하기 위해 정보공개서를 등록함에 있어서 구체적인 조건을 별도로 정하지 않다가 왜 지금 직영점을 1년 이상 운영해야 정보공개서를 등록할 수 있다고 개정을 했을까?

그 이유는 점포 운영 경험이 없는 가맹본부가 가맹점을 모집하여 부실한 결과를 낳고 이로 인해 가맹점사업자가 투자한 투자금의 손실 등이 발생하는 우려를 예방하고자 하는 것이다. 실제로 공정거래위원회에서 서면실태조사2019년 가맹 분야 서면실태조사를 통해 직영점 운영이 가맹사업 영위에 도움이 되는지에 대한 여부를 조사했고, 《가맹계약과 가맹사업 시장제도 연구》이진국, 2018을 통해 직영점 수도 가맹점 매출액과 양의 상관관계를 보인다는 결과를 얻었으며, 2019년 정보공개서 분석에서도 직영점을 운영한 가맹본부는 그렇지 않은 가맹본부에 비해 가맹점 평균 매출액이 높다는 결과가 나왔다.

국내 프랜차이즈산업은 지난 10년(2009년~2019년)간 브랜드 수는 1,276개에서 6,353개로 4.9배가 증가했고, 가맹점 수는 약 10만 개에서 약 25만 개로 2.5배나 증가하였다. 하지만 2015년 가맹사업을 개시한 브랜드

(1,020개)를 조사한 결과 이 중 548개(53.7%)가 3년 이내에 사업을 중단했다. 이는 프랜차이즈는 발전하였지만, 반대로 부실한 가맹본부가 많았다는 사실을 보여주는 방증이기도 하다.

또한, 공정거래위원회 가맹사업정보제공시스템에서 2019년 등록 기준 전체(외식, 도소매, 서비스) 업종개황을 살펴보면 직전 사업연도인 2018년도 말 기준 가맹점 수와 직영점 수를 확인할 수 있다. 2018년 말 기준으로 가맹점 수는 255,514개, 직영점 수는 17,565개로 직영점 수는 가맹점 수 대비 약 7% 정도를 차지하는 것으로 나타났다.

업종별 비교정보	가맹본부별 비교정보		브랜드별 비교정보

정보공개서 등록년도 : 2019 ▼ 업종 : 전체 ▼ 비교 항목 : 업종개황 ▼ 검색

· 업종개황

〈가맹점, 직영점수는 직전사업년도 말 기준〉

업종	가맹본부수 ▲▼	브랜드 수 ▲▼	가맹점 수 ▲▼	직영점 수 ▲▼
전체		6,268	255,514	17,565
외식	3,798	4,733	123,310	6,418
도소매	288	305	56,903	8,784
서비스	1,024	1,230	75,301	2,363

유명브랜드의 인기에 편승한 미투브랜드를 출시하여 단기간 내 다수 가맹점을 모집하여 수익을 챙기고 가맹사업을 중단하는 사례가 계속하여 발생하고 있어 많은 가맹점 사업자가 피해를 보고 있고 미투브랜드로 인하여 프랜차이

즈에 대한 부정적인 인식도 증가했다. 가맹사업은 가맹본부의 노하우를 바탕으로 가맹점 사업자에게 노하우를 전수하고 계속해서 지원하는 사업인데도 불구하고 그동안 직영점 운영의 경험이 없어도 가맹사업을 할 수 있었다.

직영점 운영 경험이 없는 가맹본부의 경우 제대로 된 노하우가 없어 가맹점 사업자에게 경영지원 및 교육 등을 제대로 해줄 수 없고, 부실한 가맹사업 운영으로 가맹점 사업자의 투자금 손실 및 폐점을 부추기는 원인이 되었다. 이러므로 가맹본부가 직영점을 1년 이상 운영한 경험이 없으면 정보공개서 등록을 거부할 수 있도록 하여 직영점 운영 경험이 없으면 앞으로 가맹사업을 할 수 없게 하는 것이다. 따라서, 가맹본부가 가맹점을 모집하려면 직영점을 먼저 운영해야 한다.

1년 이상의 직영점 운영 의무로 부실 가맹본부와 미투브랜드가 많이 사라지면 가맹점 사업자가 가맹본부로부터 제대로 된 노하우를 전수받고 성공할 수 있는 환경이 만들어져 가맹점 사업자의 피해가 줄어들 것이다. 결과적으로 이전보다 안정적인 점포 운영 경험을 바탕으로 가맹계약이 체결되므로 가맹본부와 가맹점 사업자가 함께 성장할 수 있는 중요한 계기가 마련되었다고 볼 수 있다.

공정위는 해당 법이 시행됨에 따라 신규 가맹본부의 설립이 위축될 수도 있으므로 신규 가맹본부 설립이 지나치게 제한되지 않도록 가맹본부의 임원이 운영한 점포도 직영점의 운영 기간에 포함하는 것으로 하고, 별도의 면허를 받은 가맹사업 등 시행령에서 정한 직영점 운영이 불필요한 사유에 해당하는 경우에는 해당 법 적용의 예외를 인정할 계획이라고 했습니다.

2. 소규모가맹본부에 적용 배제한 내용 개정

〈현행〉

제3조(적용배제)

① 이 법은 다음 각 호의 어느 하나에 해당하는 경우에는 적용하지 아니한다.

1. 가맹점 사업자가 가맹금의 최초 지급일부터 6개월까지의 기간 동안 가맹본부에게 지급한 가맹금의 총액이 100만 원 이내의 범위에서 대통령령으로 정하는 금액을 초과하지 아니하는 경우.

2. 가맹본부의 연간 매출액이 2억 원 이내의 범위에서 대통령령으로 정하는 일정 규모 미만인 경우. 다만, 가맹본부와 계약을 맺은 가맹점 사업자의 수가 5개 이상의 범위에서 대통령령으로 정하는 수 이상인 경우는 제외한다.

② 제1항에도 불구하고 제9조 및 제10조(제10조 제1항 제1호는 제외한다)는 모든 가맹사업 거래에 대하여 적용한다.

〈개정 내용〉

제3조(적용배제)

〈일부 신설〉 ② 제1항에도 불구하고 제6조의 2부터 제6조의 5까지, 제7조, 제9조, 제10조 및 제15조의 2는 모든 가맹사업 거래에 대하여 적용한다.

현행 가맹사업법 제3조에서는 가맹본부가 6개월간 가맹점 사업자로부터 수취한 가맹금 총액이 100만 원 미만, 가맹본부 연간 매출액 5천만 원(직영점 1년 이상 운영 시에는 직영점의 매출액을 포함하여 2억 원) 미만인 경우 4개 가맹점까지 정보공개서 등록 및 가맹금 예치의무 등 가맹사업법 적용을 면제(단, 가맹사업법 제9조(허위·과장된 정보제공 등의 금지), 제10조(가맹금의 반환) 제외)하였다. 그 이유는 영세한 가맹본부의 행정·재정적 부담을 없게 하기 위함이었다.

하지만 소규모가맹본부를 보호하고자 했던 취지와는 다르게 해당 가맹본부의 가맹점사업자에게는 정보공개서 미제공 및 가맹금 예치의무 등의 부재로 인한 가맹본부의 정보 부족 및 가맹금 미반환 등의 피해로 연결되었다. 이에, 공정위는 현행법의 문제점을 개선코자 소규모가맹본부의 법 적용배제를 축소하여 소규모가맹본부를 포함한 모든 가맹본부는 정보공개서 등록 및 제공의무(법 제6조의 2부터 제6조의 4, 제7조)와 가맹금 예치의무(법 제6조의 5, 제15조의 2)를 이행하도록 개정하였습니다.

즉, 모든 가맹본부는 향후 가맹사업을 운영하기 위해서는 가맹사업 전 정보공개서를 등록하고 제공하여야 하며 수취한 가맹금은 가맹금 예치 또는 '가맹점 사업자 피해보상 보험계약'을 체결해야 한다.

3. 광고 및 판촉 행사 시 가맹점 사업자 동의 의무

〈현행〉

제12조의 6(광고·판촉 행사 관련 집행 내역 통보 등)

① 가맹본부는 가맹점 사업자가 비용의 전부 또는 일부를 부담하는 광고나 판촉행사를 실시한 경우 그 집행 내역을 가맹점 사업자에게 통보하고 가맹점 사업자의 요구가 있는 경우 이를 열람할 수 있도록 하여야 한다.

② 제1항에 따른 집행 내역 통보 또는 열람의 구체적인 시기·방법·절차는 대통령령으로 정한다.

〈개정 내용〉

제12조의 6(광고 · 판촉 행사 관련 집행 내역 통보 등)

〈신설〉 ① 가맹본부는 가맹점 사업자가 비용의 전부 또는 일부를 부담하는 광고나 판촉 행사를 실시하려는 경우에는 그 시기와 비용 등에 관하여 사전에 대통령령으로 정하는 일정 비율 이상의 가맹점 사업자로부터 동의를 얻어야 한다. 다만, 다음 각 호의 어느 하나에 해당하는 경우에는 그러하지 아니하다.

1. 가맹본부가 판촉 행사에 동의한 가맹점 사업자만을 대상으로 판촉 행사를 실시하는 경우.

2. 가맹본부가 가맹계약 또는 별도의 약정에 따라 미리 수령한 금원을 통하여 광고나 판촉 행사를 실시하는 경우

② 가맹본부는 가맹점 사업자가 비용의 전부 또는 일부를 부담하는 광고나 판촉 행사를 실시한 경우 그 비용의 집행 내역을 가맹점 사업자에게 통보하고 가맹점 사업자의 요구가 있는 경우에는 이를 열람할 수 있도록 하여야 한다.

③ 제1항에 따른 사전 동의 및 제2항에 따른 집행 내역 통보 또는 열람의 구체적인 시기 · 방법 · 절차는 대통령령으로 정한다.

현행법은 광고·판촉 행사를 먼저 집행하고 가맹점 사업자에게 사후 통보하도록 규정하여, 가맹점 사업자가 사전에 인지하지 못했고 선택권도 없었다. 광고·판촉 관련 비용 부담은 가맹점 사업자의 중요한 거래 조건임이 분명하기에 가맹본부의 일방적 통지가 아닌 사전동의 절차를 거쳐 동의를 받도록 의무화함으로써 부당한 비용 전가 행위 등을 줄이도록 하였다.

단, 가맹사업의 특성상 경쟁 상황에 신속한 대응을 위해서 일부 보완장치도 마련했다. 모든 가맹점이 아닌 시행령에서 규정한 일정 비율 이상의 가맹점 사업자의 동의만 있으며 광고·판촉 행사를 진행할 수 있도록 하였고, 판촉 행사도 전체가 아닌 분리 판촉 행사를 허용하였다. 그리고 사전에 기금 형태로 수취하기로 한 경우에는 별도로 사전동의제를 시행하지 않는 것으로 바뀐다.

4. 가맹점 사업자 단체 신고제

〈현행〉

제14조의 2(가맹점 사업자 단체의 거래조건 변경 협의 등)

① 가맹점 사업자는 권익보호 및 경제적 지위 향상을 도모하기 위하여 단체(이하 "가맹점 사업자 단체"라 한다)를 구성할 수 있다.

② 특정 가맹본부와 가맹계약을 체결·유지하고 있는 가맹점사업자(복수의 영업표지를 보유한 가맹본부와 계약 중인 가맹점 사업자의 경우에는 동일한 영업표지를 사용하는 가맹점 사업자로 한정한다)로만 구성된 가맹점 사업자 단체는 그 가맹본부에 대하여 가맹계약의 변경 등 거래조건(이하 이 조에서 '거래조건'이라 한다)에 대한 협의를 요청할 수 있다.

③ 제2항에 따른 협의를 요청받은 경우 가맹본부는 성실하게 협의에 응하여야 한다. 다만, 복수의 가맹점 사업자 단체가 협의를 요청할 경우 가맹본부는 다수의 가맹점 사업자로 구성된 가맹점 사업자 단체와 우선적으로 협의한다.

④ 제2항에 따른 협의와 관련하여 가맹점 사업자 단체는 가맹사업의 통일성이나 본질적 사항에 반하는 거래조건을 요구하는 행위, 가맹본부의 경영 등에 부당하게 간섭하는 행위 또는 부당하게 경쟁을 제한하는 행위를 하여서는 아니 된다.

⑤ 가맹본부는 가맹점 사업자 단체의 구성·가입·활동 등을 이유로 가맹점사업자에게 불이익을 주는 행위를 하거나 가맹점사업자 단체에 가입 또는 가입하지 아니할 것을 조건으로 가맹계약을 체결하여서는 아니 된다.

〈개정(신설) 내용〉

제14조의2(가맹점 사업자 단체의 구성 등)

① 가맹점 사업자는 권익보호 및 경제적 지위 향상을 도모하기 위하여 단체(이하 '가맹점 사업자 단체'라 한다)를 구성할 수 있다.

② 다음 각 호의 요건을 모두 충족하는 가맹점 사업자 단체는 대통령령으로 정하는 신고서를 작성하여 공정거래위원회에 신고할 수 있다.

1. 특정 가맹본부와 가맹계약을 체결·유지하고 있는 가맹점 사업자(복수의 영업표지를 보유한 가맹본부와 계약 중인 가맹점 사업자의 경우에는 동일한 영업표지를 사용하는 가맹점 사업자로 한정한다)로만 구성되었을 것

2. 가맹점 사업자 단체에 가입한 가맹점 사업자의 수가 전체에서 차지하는 비율 등 대통령령으로 정하는 요건을 충족할 것.

③ 공정거래위원회는 제2항에 따른 신고서를 접수한 때에는 7일 이내에 신고를 수리하거나 20일 이내의 기간을 정하여 신고서 보완을 요구할 수 있다.

④ 공정거래위원회는 제3항에 따라 신고를 수리한 경우에는 가맹점 사업자 단체에 신고증을 교부하여야 한다.

⑤ 제4항에 따라 신고증을 교부받은 가맹점 사업자 단체는 대통

령령으로 정하는 중요사항이 변경된 경우에는 대통령령으로 정하는 기한 내에 공정거래위원회에 변경신고를 하여야 한다.

⑥ 공정거래위원회는 다음 각 호의 어느 하나에 해당하는 경우에는 신고 수리를 취소할 수 있다.

1. 가맹사업자단체가 거짓이나 그 밖의 부정한 방법으로 신고한 경우.

2. 가맹점 사업자 단체가 제2항의 신고 요건을 충족하지 못하게 된 경우.

3. 가맹점 사업자 단체가 신고 취소를 요청하는 경우.

4. 가맹점 사업자 단체가 제5항에 위반하여 변경신고를 하지 아니한 경우.

⑦ 공정거래위원회는 제6항에 따라 신고 수리를 취소한 경우 그 사실을 가맹점 사업자 단체에게 통보하여야 하며, 가맹점 사업자 단체는 신고 수리 취소의 통보를 받은 날로부터 7일 이내에 신고증을 반납하여야 한다.

현행법은 가맹점 사업자 단체가 가맹본부에 거래조건의 협의를 요청할 수 있도록 하고 있어서, 그 단체의 자격을 확인 해주는 절차가 없어 가맹본부가 단체의 대표성을 문제 삼아 협의에 응하지 않는 등 한계가 있었다. 또한, 단체에 가입된 가맹점은 가맹본부의 보복이 우려되어 가맹본부에 직접 자신의 단체 가입 여부를 알리기 꺼렸으므로 가맹본부가 가맹점 단체 구성원을 직접 확인하기 어려웠다.

이번 개정안에서는 그런 점들을 개선하여 가맹점 사업자 단체가 일정 비율 이상의 가맹점이 가입했다는 등의 신고 절차를 통해 확인받을 수 있게 되면 가맹본부와 원활한 협상을 하도록 하였으며, 복수 가맹점 단체가 가맹본부에 협상을 요청하면 신고된 가맹점 단체와 우선 협상하도록 했다.

정보공개서 기재 추가 내용

가맹사업거래 정보공개서 표준양식에 관한 고시 개정안(2020.07.20.)에서 가맹점의 평균 영업 기간과 안정적인 점포 운영을 위한 경영상 지원 내역을 기재하도록 하였으며, 이는 2021년 1월 1일부터부터 시행하도록 하였다.

2021년 1월 1일부터 정보공개서상 신설 기재되는 사항은 아래와 같다.

1. 가맹점의 평균 운영 기간의 기재 의무

〈개정 내용〉

8. [반포삼겹살] 가맹점의 평균 영업 기간

[반포삼겹살]의 바로 전 사업연도 말 현재 영업 중인 가맹점 사

업자의 평균 영업 기간은 다음과 같다.

연도	영업 중인 가맹점 수[1]	평균 영업 기간[2]
2020		

① 직전 사업연도 말 영업 중인 가맹점 수를 기준.

② 직전 사업연도 말 영업 중인 가맹점의 최초 가맹계약 체결일부터 직전 사업연도 말까지의 영업한 일수를 모두 더하여 직전 사업연도 말 영업 중인 가맹점 수로 나눈 기간.

바로 전 사업연도 말 기준 영업 중인 가맹점 수와 해당 가맹점의 최초 가맹계약 체결일부터 바로 전 사업연도 말까지의 영업 일수를 모두 더해서 평균 영업 기간을 의무적으로 기재하도록 하였다. 가맹본부에서 운영하는 가맹점의 평균 영업 기간을 기재함으로써 가맹희망자(가맹점 사업자)는 가맹점의 지속성을 확인할 수 있는 지표로 사용될 것이다.

2. 매출 부진 가맹점 지원 내용의 기재 의무

〈개정 내용〉

5. 안정적인 점포 운영을 위한 경영상 지원 내역

[당사는 가맹점 사업자의 안정적인 점포 운영을 돕기 위해 경영 상 지원활동을 하고 있으며 자세한 내용은 다음과 같습니다. 또한, 아래 지원 내용 이외에도 가맹점 사업자의 경영 사정 등을 감안하여 추가 지원이 있을 수 있습니다.]

지원정책①	주요 내용②	지원 조건③	지원 기간	지원 내용④	비고⑤
조기 안정화 자금지원	가맹점 오픈 시 조기 안정화를 위한 자금 지원	매출 이익이 월 400만 원 이하인 경우	오픈일로부터 1년 간	400만 원 - 월 매출 이익	
매출부진 경영지원	매출 부진 가맹점 판매 촉진을 위한 경영 지원	직전 3개월간 매출액이 2천만 원 이하인 경우	가맹 계약 기간	경영 컨설팅 제공	

① 가맹본부가 가맹점 사업자의 안정적 점포 운영을 지원하기 위해 운영하는 제도를 작성하되 최대한 자세히 구분하고 서로 겹치지 않도록 항목을 조정한다.

② 가맹점 사업자가 지원하는 내용을 알 수 있도록 구체적으로 기재하고, 필요한 경우 주석을 다는 것도 바람직하다.

③ 지원 조건이 있는 경우 그 내용을 기재하고, 지원 조건을 충족하지 못하면 지원을 하지 않는 경우 그 내용도 함께 기재한다.

④ 지원 내용이 정액 금액인 경우 그 금액을 표시하고, 정률 금액인 경우 그 기준을 기재하되 금액이 확정되지 않는 경우에는 추정치임을 알 수 있도록 상한선과 하한을 포함한 구간으로 표시한다. 그 외의 경우에는 가맹점 사업자가 지원 내용을 알 수 있도록 구체적으로 기재한다.

⑤ 그밖에 필요한 내용을 기재한다.

※ 가맹본부가 안정적인 점포 운영을 위한 지원제도를 운영하지 않는 경우에는 '해당없음'으로 기재한다.

가맹점 오픈 시 조기 안정화를 위한 자금지원 및 매출부진 가맹점 판매촉진을 위한 경영 지원 등의 사항으로 가맹본부가 지원하는 제도를 기재하도록 하였습니다. 이는 가맹본부와 가맹점 사업자 간의 상생 협력을 유도하기 위한 정책으로 가맹희망자가 가맹본부와 가맹계약 체결 전에 정보공개서를 통해 가맹점 사업자에게 안정적인 점포 운영을 위해 가맹본부가 지원하는 사항을 좀 더 명확한 자료로 알 수 있도록 했다.

2021 창업 트렌드

초판 1쇄 발행 · 2020년 12월 30일

지은이 · 김형민·임영태·어윤선·김연주·윤성만·천영식·신창엽·최광호
펴낸이 · 김동하

책임편집 · 김원희
기획편집 · 양현경
온라인마케팅 · 이인애

펴낸곳 · 책들의정원
출판신고 · 2015년 1월 14일 제2016-000120호
주소 · (03955) 서울시 마포구 방울내로9안길 32, 2층(망원동)
문의 · (070) 7853-8600
팩스 · (02) 6020-8601
이메일 · books-garden1@naver.com
포스트 · post.naver.com/books-garden1

ISBN · 979-11-6416-075-4 (03320)